# LA COMTESSE D'ORGUEIL,

## COMEDIE.

## Par T. CORNEILLE.

*Suivant la Copie imprimée*

# A PARIS.

M. DC. LXXXX.

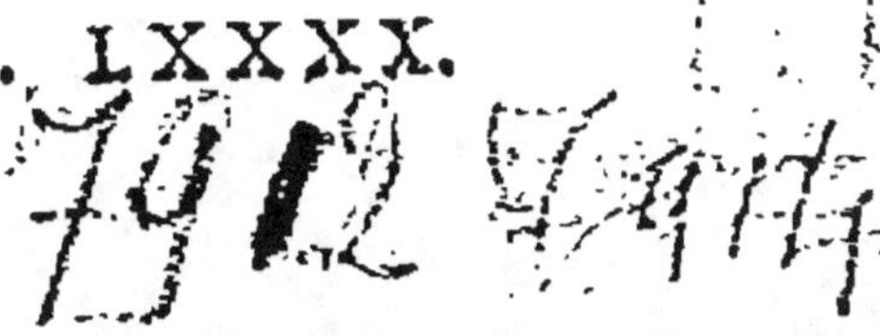

A

# MONSIEUR DE ***.

## MONSIEUR,

Vous l'échapperez pour cette fois, & quoi que ce soit
à vous que j'en veüille, je vous le laisserai ignorer. Peut-
être le devinerez-vous ; Si cela arrive, vous n'aurez
qu'à vous garder le secret ; ce sera la même chose que
s'il n'en étoit rien, & du moins le Public ne sçaura point
encore que je vous aye accablé d'une Epitre Dédicatoire.
Ce n'est pas que vous vous en puissiez garantir long-
temps ; je suis sensible à la gloire, & je m'en fais une
si forte de l'amitié dont vous m'honorez, qu'il sera difficile que je me contraigne, & que je ne céde bien-tôt à
l'impatience de faire connoître à tout le monde que vous
ne m'en avez pas jugé indigne. Ce qu'il y aura en cela
de moins terrible pour vous, que pour les autres à qui on
s'avise de dédier des livres, c'est qu'on ne le fait presque jamais que pour leur demander des graces qu'ils
n'ont aucune envie d'accorder, au lieu que celles que
vous m'avez déja faites de la maniére du monde la plus
génereuse, m'obligeant à une entiére reconnoissance,
ne vous doivent faire attendre de moi qu'une suite de re-
merciemens. J'aurai de ma part cet avantage que si
on est le plus souvent embarrassé à chercher des flateries
qui puissent être au goût de ceux dont on tâche à gagner
l'esprit ; je ne le serai que sur le choix des véritez que
j'aurai à dire de vous. Alors, Monsieur, ne croyez
pas que ce soit par la dignité de vos Charges que je m'at-
tache à faire valoir ce qui vous rend aussi considérable
que vous l'êtes. Quoi que l'éclat avec lequel vous avez
long-temps paru dans une des plus Augustes Compagnies
de France redoublé par le nouveau rang où vous venez

de monter, c'est à d'autres qu'à vous qu'il faut faire
honneur de ces sortes d'élévations, où la fortune a souvent plus de part que la vertu.

   Quand on veut dire quelque chose
Des gens qui plus obscurs que leurs sombres Ayeux
    N'ont jamais fait rien dire d'eux,
Outre cent lieux communs dont toûjours on dis-
  pose,
Leurs emplois & leur rang sont des secours heureux
    Pour faire ce qu'on se propose:
Mais graces à l'éclat des belles qualitez
Dont le Ciel vous a fait ses libéralitez,
    On vous voit un mérite extrême;
De ce mérite en vous tout parle hautement,
    Et pour vous loüer dignement
    On n'a besoin que de vous-même.

 Jugez, Monsieur, si ayant l'honneur de vous connoître autant que je fais, je n'aurai pas de quoi puiser
abondamment dans cette source. Je m'en fais d'avance
une joye des plus sensibles, mais je vous rends trop de
justice pour ne pas attendre à la goûter ouvertement,
que je sois en pouvoir de vous offrir quelque chose que
j'estime plus que cette Comédie. L'approbation qu'elle
a reçûë au Théatre, ne m'éblouït point assez pour ne me
la pas laisser toûjours regarder comme une bagatelle à
qui on a voulu faire grace, & quel que soit l'empressement du zéle que j'ai pour vous, il ne me sçauroit faire oublier que j'ai besoin pour le satisfaire d'une occasion plus favorable que celle-ci. J'espére, Monsieur,
que je serai assez heureux pour la voir naître dans peu
telle que je me la souhaite. Cependant je ne me lasserai
point de dire par tout qu'il est rare de trouver un Amy
qui vous ressemble, & qui sçache unir aussi avantageu-
sement que vous la beauté de l'ame à la force & à la délicatesse de l'esprit. Si je rencontre des incrédules, ils
cesseront aisément de l'être quand j'ajoûterai que vous
avez la gloire de posséder les bonnes graces d'un des plus
Grands Hommes que nous ayons. Son nom suffira pour
leur fermer la bouche, & on convient si généralement
pour lui des surprenantes & extraordinaires qualitez
qui le rendent l'admiration de nôtre Siécle, que comme

rien

rien ne manque à la justesse de son discernement, c'est
un titre incontestable pour prétendre à l'estime de tout
le monde, que d'avoir dans la sienne autant de part que
vous y en avez. Quelle douceur ce seroit pour moi de
m'étendre sur une si illustre matiére s'il m'étoit permis
de l'approfondir, ou plûtôt s'il y avoit des termes qui
fussent de la force des sentimens qui me sont communs
là-dessus avec tous ceux qui ont l'honneur de l'appro-
cher !

Vous même chaque jour n'êtes-vous pas surpris
Des brillantes vertus qu'à nos yeux il étale ?
     Qui veut en parler les ravale,
Et l'on n'en peut jamais connoître assez le prix.
De ses riches Talens le pompeux assemblage
Offre du vrai mérite une éclatante image,
Dont le charme attirant engage autant qu'il plaît.
De la gloire sur lui tout l'effort se consomme,
     Et pour être tout ce qu'il est,
     Il faut être au dessus de l'homme.

Je dis si peu pour ce que je pense qu'il vaut mieux que
je me contente d'admirer avec respect ce que je trouve
tant au dessus de toutes sortes d'éloges. Je ne doute point
que ce sentiment ne vous fasse approuver mon silence.
Je le romprai toûjours avec plaisir quand il s'agira de
publier l'ardente passion avec laquelle je suis,

MONSIEUR,

Vôtre trés-humble, & trés-obligé<br>
serviteur,<br>
T. CORNEILLE.

# ACTEURS.

LE MARQUIS              *de Lorgnac.*

LE CHEVALIER,          *Frere du Marquis,*
                       *Amant d'Olym-*
                       *pe.*

ORONTE                 *Amant de Lucréce.*

ANSELME                *Pere d'Olympe, &*
                       *Tuteur de Lucréce.*

OLYMPE                 *Fille d'Anselme.*

LUCRECE                *Niéce d'Anselme.*

VIRGINE                *Suivante d'Olympe.*

LYSE                   *Suivante de la Com-*
                       *teſſe d'Orgueil.*

CARLIN                 *Valet du Marquis.*


*La Scene eſt à Paris.*

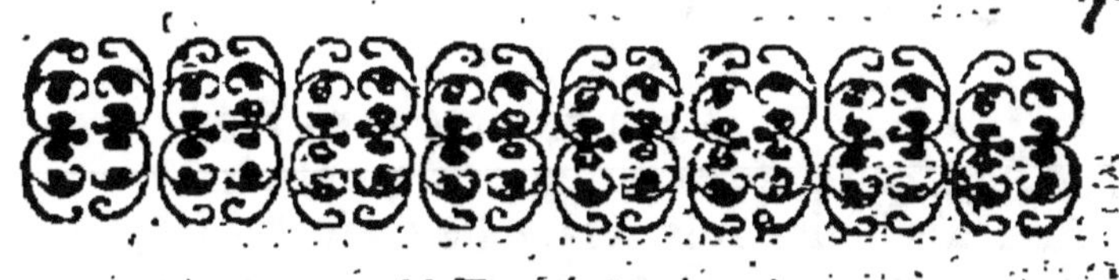

# L A
# COMTESSE
## D'ORGUEIL,
## COMEDIE.

---

# ACTE PREMIER.
## SCENE PREMIERE.

### CARLIN, LISE.

#### CARLIN.

QUOY ? te trouver encor & seule & sans
Maitresse ?

#### LYSE.

J'attens de jour en jour Madame la Comtesse,
Qui depuis prés d'un mois absente de Paris,
Abandonne à mes soins la garde du logis.
On croit ne point tarder d'abord que l'on s'engage,
Mais insensiblement on prend goût au voyage,
D'Orleans on veut voir Saumur, Angers, & Tours.
Et le retour ainsi se differe toûjours.

#### CARLIN.

Tant mieux pour toy, d'avoir liberté toute entiére
De prendre du bon temps & te donner carriére.
Ah ! si pour moy le cœur t'en disoit tant soit peu,
Sotte !                    LYSE.

En faut-il douter ?

CARLIN.

Le mien eſt tout en feu,
Et depuis cette nôce où tu me fis tant boire,
Je me ſuis ſi bien mis ta largeſſe en mémoire,
Qu'auſſi-tôt que la ſoif commence à me preſſer,
Pour en guérir plûtôt je voudrois t'embraſſer.

LYSE.

Tout de bon?               CARLIN.

Tout de bon, & s'il t'en faut plus dire,
Ecoute, en te voyant, de quel ton je ſoûpire.

LYSE.

Tu te ſens donc pour moy d'amour bien travaillé?

CARLIN.

Ma foy, je n'en dors point quand je ſuis éveillé,
Et ſi ton cœur ſenſible à la friponnerie...
Lyſe, ma chére Lyſe.

LYSE.

Ah, point de bruſquerie.
Et que diroit Virgine à qui tu t'és promis?

CARLIN.

Y doit-on regarder de ſi prés entre amis?

LYSE.

Tu n'és point ſcrupuleux.

CARLIN.

Vois-tu? j'aime Virgine,
Mais ce qui m'en dégoûte elle eſt un peu trop fine,
Et ſçait tant de détours, qu'à ce que j'en entens,
Avec elle un Mary paſſera mal ſon temps.
Anſelme auſſi, voyant du trouble en ſa famille,
L'a depuis peu chaſſée en dépit de ſa fille.

LYSE.

Olympe en ſa diſgrace a donc pris grande part?

CARLIN.

Elle la garde encore au déçû du Vieillard.
Le temps rajuſte tout.

LYSE.

Elle doit t'être chére.

CARLIN.

Veux-tu de mon amour ſçavoir tout le myſtére?
Je ſuis homme d'intrigue, & tel que tu me vois.
J'entreprens de ſervir deux Maîtres à la fois.

Ou

Ou plûtôt prés de l'un faisant le bon Apôtre,
Je tâche à le duper pour être utile à l'autre.

LYSE.

Ton Marquis de Lorgnac est le sot?

CARLIN.

Justement.

Jamais on ne fut sot si méthodiquement.
Comme il est de naissance & fort riche il croit être
L'homme le plus parfait qu'on ait encor vû naître.
Et dans cette folie il est persuadé, ( dé
Qu'on meurt d'amour pour luy dés qu'on l'a regar-
Aussi fait-il le beau, le plaisant, l'agréable,
Vain s'il en fut jamais, contrariant en diable,
Grand parleur, curieux des affaires d'autruy.

LYSE.

Le Chevalier, son frere, est-il fait comme luy?

CARLIN.

Comme luy? Dieu l'en garde, il est son antipode,
C'est un homme discret, civil d'humeur commode,
Poly, galand, qui fait les choses comme il faut,
Et dont la gueuserié est l'unique défaut.

LYSE.

La tache est un peu forte.

CARLIN.

Et d'autant plus qu'il aime.

Estre gueux en amour est un malheur extrême,
Mais aux beaux yeux d'Olympe il n'a pû résister,
A Virgine par là j'eus ordre d'en conter.
Pour gagner quelque accés auprés de sa Maitresse,
Le Chevalier voulut. . . .

LYSE.

Je comprens la finesse.

Olympe par Virgine a sçû sa passion.

CARLIN.

Non pas, grace à l'excés de sa discrétion.
Depuis deux mois & plus que pour elle il soûpire,
Il s'est fait remarquer, mais sans vouloir rien dire.
Moy-même, il m'a falu faire le réservé :
Cependant tout d'un coup le Frere est arrivé ;
Ce Diable de Marquis, qui s'en va d'importance
Faire sonner par tout son manque de finance.

LYSE.

Peut-il se décrier sans qu'il se fasse tort?

CARLIN.

Tort ou non, il le hait, & voudroit le voir mort.
Pour détourner ce coup j'ay joüé d'artifice.

LYSE.

Comment?                    CARLIN.
                  Du Chevalier j'ay quitté le service,
Et cent sujets de plainte au besoin inventez
Ont été du Marquis avec joye écoutez;
En moy par cette fourbe il a pris confiance,
Et comme j'applaudis à son extravagance,
Je suis chez-luy le tout, je tranche, ordonne, agis....

LYSE.

Ainsi....                    CARLIN.
          Prens garde à toy, voicy nôtre Marquis.
Le cœur te bat-il point?

LYSE.

                              Quelle rare figure!

CARLIN.

Et bien? suit-il la mode?

LYSE.

                              Il comble la mesure.
Quel attirail de points, de rubans, d'affiquets!

---

# SCENE II.

## LE MARQUIS, CARLIN, LYSE,
## CASCARET.

LE MARQUIS à *Carlin montrant* Lyse.
C'Est de moy qu'on te parle?

CARLIN.

          Ouy, Monsieur.

LE MARQUIS.

          Bon Laquais,
A ce prochain détour que faisoit cette belle?

CASCARET.

Elle vous regardoit, Monsieur.

LE MARQUIS.

          Tant pis pour elle.

CAR-

### CARLIN.

Elle s'en souviendra.

### LE MARQUIS.

Je le croy.... Celle-cy
Qui de loin m'envifage a l'œil bien radoucy.

### CARLIN.

Elle vient de la part de certaine Comteffe....

### LE MARQUIS.

Diable, il faut l'écouter. Tu nommes ta Maîtreffe?

### LYSE.

La Comteffe d'Orgueil.

### LE MARQUIS.

D'Orgueil! le nom eft grand.
Vieille ou jeune?          LYSE.

Elle n'a que vingt ans.

### LE MARQUIS.

Bien luy prend,
La jeuneffe eft mon goût, fans cela point de tendre.
Avecque le Mary quelle mefure à prendre?
Eft-il accommodant?          LYSE.

Elle eft veuve.

### LE MARQUIS.

Tant mieux,
Les Veuves, la plûpart, font mets délicieux,
Et de quinze à vingt ans il en eft d'égrillardes
Qui donnent au défunt de terribles nazardes.
Pour moy, j'en ay tant vû de toutes les façons,
Qu'au befoin je pourrois en faire des leçons.          (re,
Et fille, & femme, & brune, & blonde. J'ay beau fai-
Tout m'en veut.          LYSE.

Qui pourroit n'aimer pas à vous plaire?
Un Marquis qu'on fait gloire en tous lieux d'admi-

### LE MARQUIS.          (rer?

J'écarte affez la foule afin de refpirer,
Mais toûjours malgré moy j'ay quelque foûpirante;
La Comteffe eft jolie?          LYSE.

Elle eft vôtre Servante.

### LE MARQUIS.

C'eft à dire, fon cœur en tient déja pour moy?

### LYSE.

Eh, vous pouvez penfer....

LE MARQUIS.

              J'en ay pitié, ma foy.
Vingt ans, veuve, & languir! Viens, conduy-moy
..chez elle.
Il faut la voir ; au moins tu me dis qu'elle est belle.

LYSE.

Elle a dans Orleans tout fait mourir d'amour,
Mais vous en jugerez, Monfieur, à fon retour.

LE MARQUIS.

Elle n'eft pas icy?          CARLIN.

              Puis qu'il faut vous le dire,
Pour vouloir fuïr le mal quelquefois on l'empire.
L'autre jour en paffant la Comteffe vous vit,
Vôtre mine, vôtre air, enfin tout la furprit,
Et chez elle d'abord l'amour faifant ravage,
Pour guérir par l'abfence elle a fait un voyage,
Mais de fiévre en chaud mal, fon cœur par là tombé
Eft contraint avec vous de venir à jubé.
Sa flame impatiente en ces lieux la rapelle,
Vous la verrez demain.

LE MARQUIS.

              Je me fouviendray d'elle.
Seulement du retour prens foin de m'avertir.

LYSE.

Vous viendrez donc?

LE MARQUIS.

              Oüy, va ; je puis m'en divertir,
Et felon.... mais je voy mon impertinent frere.

LYSE à Carlin.

C'eft-là le Chevalier?          CARLIN.

              Luy-même, adieu, ma chére.

LYSE.

Eft-il original qui vaille ton Marquis?

---

# SCENE III.

## LE MARQUIS, LE CHEVALIER, CARLIN.

### LE CHEVALIER.

Peut-être que je viens mal à propos?

                                                  LE

LE MARQUIS.

Tant pis.

Qui vous force à venir ?

LE CHEVALIER.

Vous voyant dans la ruë,
Passeray-je tout droit sans que je vous saluë ?

LE MARQUIS.

Saluez-moy de loin, & ne me dites mot.

LE CHEVALIER.

Mais ceux qui me verront....

LE MARQUIS.

Vous prendront pour un sot,
Que m'importe ?

LE CHEVALIER.

Toûjours injure sur injure ?
Vous êtes mon ainé, je me tais, & j'endure.

LE MARQUIS.

Et bien, n'endurez point, qu'est-ce que vous ferez ?
Vous me chanterez poüille, & vous retirerez,
C'est-là ce que je veux.

LE CHEVALIER.

Grace à vôtre injustice,
Me voir & me parler est pour vous un suplice,
J'en suis trop convaincu.

LE MARQUIS.

Ne l'ignorez donc pas.
J'en suis content.

LE CHEVALIER.

Ma peine a pour vous des appas,
Et plus vous connoissez que le malheur m'acca-

LE MARQUIS.                    [ble....

Il est vray, vôtre vie est gueuse & misérable,
Mais enfin sans appuy, sans ressource, sans bien,
Vous devriez mourir, & vous n'en faites rien.
Est-ce ma faute ?

LE CHEVALIER.

Au moins, si par le droit d'aînesse
Vous avez de grands biens, j'ay la même Noblesse.

LE MARQUIS.

Vous êtes Chevalier, mais quand il faut manger,
Vôtre Chevalerie est un mets bien leger,

Et

Et souvent la machoïre est fort mal occupée,
A qui n'a comme vous que la cape & l'épée.

LE CHEVALIER.

Et la cape & l'épée auront toûjours dequoy
Faire considérer des gens faits comme moy.
Jouïssez de vos droits, l'aînesse vous les donne,
Je n'y demande rien.

LE MARQUIS.

Vous me la baillez bonne.
Si dans vôtre chaumiére il vous eût plû rester,
Vôtre part de Cadet vous eût fait subsister.
Mais on ne va pas loin avec petite somme.
Vous avez voulu faire icy le Gentil-homme,
Et n'ayant plus dequoy, vous voilà sur le point
D'être franc Parasite, ou de ne diner point.
Gueusez, servez, volez, ce n'est point mon affaire

LE CHEVALIER.

J'ay fait quelque dépense, & crû là devoir faire,
Ma gloire étant la vôtre, il vous doit être doux.

LE MARQUIS.

Mais Carlin que voïcy, mouroit de faim chez vous,
Et s'il n'eût avec moy cherché ses avantages,
C'étoit fait de la vie ainsi que de ses gages.

CARLIN.

Sans Monsieur le Marquis j'étois sec, autant vaut.

LE MARQUIS.

Oyez.            LE CHEVALIER.

Mon peu de bien vous semble un grand défaut,
Toûjours sur ce reproche, & ne peut-il pas être....

LE MARQUIS.                    [tre,
Mon nom vous fait honneur, on me l'a fait connoi-
Il pourra vous servir à duper un Bourgeois.
L'alliance d'Anselme est, dit-on, vôtre choix,
Vous muguetez sa fille, elle a dequoy vous plaire,
Et quand ce ne seroit que les grands biens du Pére,
Pour qui n'a pas de pain à mettre sous les dents,
C'est un trait de beauté des plus accommodans.

LE CHEVALIER.

Puis que malgré mol-même on a lû dans mon ame,
Il est vrai, mon dessein est de prendre une Femme,
Et comme Anselme est riche, & qu'il manque d'ap-
        pui,                                Ma

Ma naiſſance m'a fait eſperer tout de lui.
La ſienne, je l'avouë, eſt baſſe & fort commune.

LE MARQUIS.

Ce n'étoit qu'un maraut, mais il a fait fortune,
Puis qu'il a du douzain, il eſt démaraudé.
Sçait-il vôtre amour?

LE CHEVALIER.

   Non, c'eſt un ſecret gardé,
Mais quand il l'apprendra, veüillez ne me pas nuire,
Forcez vous.

LE MARQUIS.

   Laiſſez-moy cette affaire à conduire.
Moy parlant, moy faiſant la demande pour vous,
Je croy qu'il recevra cet honneur à genoux.
Un Faquin qu'on a vû petit Clerc de Notaire,
D'un Cadet de Marquis devenir le Beau-pere,
S'allier des Lorgnaçs, peſte!

LE CHEVALIER.

   M'offrir vos ſoins,
Vous à qui je déplais!

LE MARQUIS.

   M'en déplaiſez-vous moins?
Je vous décrierois bien, mais ſi je vous décrie
J'ay ſur mon dos le faix de vôtre gueuſerie.
Au moins quand dû Bourgeois vous aurez les écus,
Vous battrez en retraite, & ne me verrez plus.
Allez, tout de ce pas, je vay luy faire entendre
Qu'il choiſir un brave homme en vous prenant
  pour gendre.
S'il s'informe du bien, je ſuis preſt à mentir.
Repoſez-vous ſur moy.

LE CHEVALIER.

  Mais....

LE MARQUIS

   Mais ſans repartir.
J'agis de là. La fille eſt de vous fort épriſe?

LE CHEVALIER.

J'ignore encor pour moy quelle eſtime elle a priſe,
Mais vingt fois dans ſa ruë elle m'a remarqué.

LE MARQUIS.

Vôtre amour autrement ne s'eſt point expliqué?
       LE

LE CHEVALIER.

Le Pere étant pour nous, il nous répondra d'elle,

LE MARQUIS.     (Belle,

Je vous entens, l'argent vous plaît mieux que la
Et pourvû qu'il vous soit bien & dûment compté,
Peu vous chaut du reste.

LE CHEVALIER,

Ah!

LE MARQUIS.

Dites la verité?

Franchement aimez-vous ?. car à moins que l'on
Tâter du Mariage est la misére même,    (n'aime,
Et je ne voudrois pas qu'une Fille eût sujet. . . .

LE CHEVALIER.

Non, Olympe est pour moy le plus charmant Ob-
Jamais rien de si beau ne s'offrit à ma vûë,    (jet.
Et de tant de mérite on la trouve pourvûë,
Que sa seule conquête assurant mon repos,
N'eût-elle aucune dot, je. . . .

LE MARQUIS.

Voilà de mes sots.

Pour trois jours de douceur trente ans de gueuserie,
Mais si vous l'épousez, dites-moy je vous prie,
Cadet, prétendez-vous avoir beaucoup d'enfans?

LE CHEVALIER.

Peut-on. . . . .    LE MARQUIS.

Point de peut-on, car je vous le défens.
La cause est qu'il n'est point de famille nombreuse
Qui presque en moins de rien ne dégénére en gueu-
    se,
Et quand l'Oncle est Marquis & des plus apparens,
Serviteur aux Neveux qui sont dégénérans.

LE CHEVALIER.

J'auray soin que jamais aucune plainte à faire. . .

LE MARQUIS.

Fort bien, & là-dessus je vay voir le Beaupere.
Carlin.    CARLIN.

Monsieur. *Il luy parle à l'oreille.* J'enteus.

LE MARQUIS.

Va, cours, le temps m'est cher,
Si la Marquise vient, qu'on me fasse chercher.

SCE-

## SCENE IV.
### LE CHEVALIER, CARLIN.

#### LE CHEVALIER.
C'Est encore un message à faire à quelque belle?

#### CARLIN.
Grand myſtére toûjours, & toûjours bagatelle.
Mais d'où diable a-t'il ſçû vôtre amoureux ſecret?

#### LE CHEVALIER.
Un Amant bien épris eſt toûjours indiſcret.
J'ay trop parlé d'Olympe, il aura pû l'apprendre,
Et ſoupçonné l'amour que ſes yeux m'ont fait pren-
Mais puiſqu'à m'y ſervir il eſt ſi diſpoſé,    (dre,
Le ſuccés pour mes vœux en ſera plus aiſé.

#### CARLIN.
J'en doute il n'eut jamais pour vous que de la haine.

#### LE CHEVALIER.                (peine,
Ouy, mais me voir ſans bien luy donne quelque
Et craignant d'en avoir un jour de l'embarras,
Si mon feu touche Olympe, il ne me nuira pas.

#### CARLIN.
Il eſt homme pourtant à nous en donner d'une.
Son cœur eſt plein pour vous d'une vieille rancune,
Ainſi j'aurois voulu qu'avant qu'il eût parlé,
Vôtre amour à Virgine eût été révélé.
Contre ce qu'il eût dit, comme elle a de l'adreſſe,
Elle auroit préparé l'eſprit de ſa Maîtreſſe,
Mais vous m'avez fait taire, & tout étoit perdu
Si j'euſſe oſé....

#### LE CHEVALIER.
                    Je voy que j'ay trop attendu,
Qu'il ſeroit bon qu'Olympe eût aprouvé ma flame,
Mais je ne ſçavois pas qu'on dût lire en mon ame,
Et que de mon ſecret malgré moy trop inſtruit,
Le Marquis....            CARLIN.
        Pour ou contre, il va faire grand bruit,
Et le Vieillard....

#### LE CHEVALIER.
Tay toy, je voy venir Oronte.

SCE-

---

# SCENE V.
## LE CHEVALIER, ORONTE,
## CARLIN.

### LE CHEVALIER.

ENfin donc il n'eſt rien que l'amour ne ſurmonte,
Lucréce a pris ſur vous un pouvoir abſolu,
Et pour elle à l'hymen vous voilà réſolu ?

### ORONTE.

J'ay peſté juqu'icy contre le mariage,
J'en tremble même encor lors que je l'enviſage,
C'eſt un marché terrible, & qui doit étonner.
Cependant au torrent je me laiſſe entrainer.

### LE CHEVALIER.

Le péril en eſt beau.        ORONTE.
                    Telle eſt ma deſtinée.

### LE CHEVALIER.

L'ordre vous en eſt doux, mais à quand l'hyménée ?
Lucréce vous aimant....

### ORONTE
                    Anſelme ſon Tuteur

Attend obſtinément le retour de ma Sœur,
Parce qu'elle eſt Comteſſe, il s'eſt mis à la tête
Qu'il faut pour plus d'éclat qu'elle honore la fête,
Sans cela point de nôce.

### LE CHEVALIER.
                    Il aime à faire bruit.

### ORONTE.

A trois jours ſeulement le delay ſe réduit.

### LE CHEVALIER.

Vous croyez donc bien-tôt voir icy la Comteſſe ?

### ORONTE.

Peut-être dés demain, mais j'apperçois Lucréce,
De grace, pardonnez aux tranſports d'un Amant,
Si je cours où m'appelle un Objet ſi charmant.

### LE CHEVALIER.

Sur tout autre devoir l'amour toûjous l'emporte.

### CARLIN *au Chevalier.*

Olympe eſt avec elle.

                                        LE

**LE CHEVALIER.**

Eloignons-nous, n'importe,
Je ne luy veux parler qu'aprés que j'auray sçû
Quel accueil du Vieillard ma flame aura reçû.

---

# SCENE VI.

## ORONTE, OLYMPE, LUCRECE.

### ORONTE *à Lucréce.*

QUoy, sortir sans m'attendre ? Ah, j'ay lieu de
m'en plaindre.

### LUCRECE.

Ouy, car je viens de faire une visite à craindre,
Et ma Cousine sçait.

### OLYMPE.

Que dans tout l'entretien
Vous avez écouté de grands diseurs de rien.
Qu'il est d'impertinens !  ORONTE.
Olympe est difficile.

### OLYMPE.

Quoi, d'abord qu'on vous voit, recourir au doux
Prodiguer la fleurette, & vous assassiner,   (stile,
De cent offres d'un cœur qu'on n'a plus à donner ?
Pour moi, je suis un peu délicate en mérite,
Plus le vrai me sçait plaire, & plus le faux m'irrite,
Et comme j'aime en tout qu'on soit de bonne foi,
Les soûpirans d'office ont bien-tôt fait chez moi.

### ORONTE.

C'est l'usage du monde, & si toutes les Belles
Traitoient ainsi que vous l'encens de bagatelles,
A quoi seroient réduits nos Galans du bel air
Qui par là prés de vous apprennent à parler ? (école,
Pour faire un honnête homme il n'est point d'autre
Le beau sexe aux muëts fait trouver la parole,
Et par ce qu'à vous plaire ils prennent de souci,
Tout ce qu'ils ont de rude est soudain adouci.

### OLYMPE.

La douceur s'étend loin.

### LUCRECE.

Vous l'avez mandiée.
SCE-

## SCENE VII.
### OLYMPE, LUCRECE, ORONTE, VIRGINE.

#### VIRGINE à *Olympe*.

ENfin c'est tout de bon vous êtes mariée.

#### OLYMPE.

Moi, mariée?          VIRGINE.

Oui, vous, quel malheur à souffrir!
M'en voici hors d'haleine à force d'accourir.
Pour prix d'une nouvelle à mes desirs si chére
Daignez faire ma paix avecque vôtre pere,
Faudra-t'il que de lui je me cache toûjours?

#### OLYMPE.

Ne t'inquiéte point, encor deux ou trois jours,
Son chagrin passera, j'en répons.

#### LUCRECE.

Mais, Virginé,
Appren-nous quel époux mon Oncle lui destine.

#### VIRGINE.

Un Marquis si charmé, dit-il, de ses appas,
Qu'il se pendra demain s'il ne l'épouse pas.
Le Marquis de Lorgnac.          OLYMPE.

Quoi, j'en serois aimée?

#### VIRGINE.

De vôtre Cabinet, où j'étois enfermée,
Je viens d'entendre tout; sur mon ame il dit d'or.
Vos attraits sont pour lui le plus riche tresor,
Le bon homme se rend aux desirs qui le pressent,
Et dé l'heure qu'il est les articles se dressent.

#### OLYMPE.

Sans m'avoir consultée?          VIRGINE.

Eh, pour se marier
Est-il fille aujourd'hui qui se fasse prier?
Et puis quand il s'agit du grand nom de Marquise....

#### OLYMPE.                    ( mise.

Fort bien; chez moi pourtant l'esprit seul est de
Et de quelque haut rang que l'on me pût flater,
Un sot qui m'en voudroit n'auroit qu'à déconter.

ORON-

ORONTE.

Je crains donc bien qu’ici le Marquis ne déconte.
Il donne lieu sans cesse à quelque nouveau conte.
Et sur ce qu’on en dit, ce n’est pas son défaut
Que d’avoir eu jamais plus d’esprit qu’il ne faut.
Il croit charmer par tout, fait le beau, l’agréable.

LUCRECE.

Que vous me faites peur !

ORONTE.

Brusque, dit-on, en diable.

OLYMPE.

Voilà ce qu’il me faut.

VIRGINE.

Moçquez-vous du dit-on,
Voulez-vous un Epoux sage comme un Caton,
Qui prétende en vertu de sa grave figure
Qu’on marche par compas, & parle par mesure ?

LUCRECE.

Virgine a l’humeur gaye, & pense que.

VIRGINE.

Ma foy,
Bien d’autres là-dessus penseroient comme moy.
Pour devenir Marquise il n’est esprit qui tienne,
Le tiltre en plaît toûjours, de quelque part qu’il
        vienne,
Et d’ailleurs quelquefois, s’il faut trancher le mot,
Il est avantageux d’être femme d’un sot,
Excuse, adresse fourbe, il n’est rien qu’il ne croye ;
Quoy qu’on fasse, il ne voit que ce qu’on veut qu’il
        voye,
Et se laissant mener, au besoin, par le nez.

OLYMPE.

C’est par où se prendroient des esprits mal tournez,
Mais quand la vertu seule a pouvoir sur une ame....

VIRGINE.

                                            ( femme.
D’accord, c’est fort bien fait que d’être honnête
Mais Dieu veüille du trop préserver tous maris.

LUCRECE.

Laissons-là cette fole, & venons au Marquis.
Le connoissez-vous ?

ORONTE.

Non, mais je connois son Frere,
Qui, s’il étoit plus riche, auroit bien dequoy plaire,
Il a l’air si galant & si particulier,
Qu’on ne peut....

                                            OLYM

OLYMPE.
Vous voulez parler du Chevalier?
ORONTE.
De luy-même.        OLYMPE.
A sa mine on connoît sa naissance,
Mais l'effet répond mal souvent à l'apparence,
L'air ne fait pas l'esprit, & je douterois fort
Que le sien fût de ceux....
ORONTE.
Ah, c'est luy faire tort.
D'où vient qu'à ce soupçon vôtre cœur s'abandon-
OLYMPE.                                ( ne?
C'est un secret qu'encor je n'ay dit à personne.
Depuis plus de deux mois en cherchant à me voir,
Ce brave Chevalier a paru m'en vouloir
Au Palais pour emplette, au Temple, dans la ruë,
Je le trouve par tout, par tout il me saluë,
Mais quoy qu'il ait eu lieu cent fois de m'aborder,
Il n'a jamais plus fait que de me regarder.
Jugez si c'est à tort que je le croy stupide.
ORONTE.
Un excés de respect l'a pû rendre timide,
Et je vous plaindrois peu pour l'hymen arrêté,
Si le Marquis avoit même stupidité.
OLYMPE.                                ( dites,
Quoy qu'on ait fait sans moy, s'il est tel que vous
La puissance d'un Pere a ses bornes prescrites,
Et par précaution, avant que m'engager,
Luy parlant en secret, je prétens en juger.
LUCRECE.
En secret? Et comment?        OLYMPE.
Ce soir par ma fenêtre.
VIRGINE.
Un premier entretien vous le fera connoître,
Et si pour son début il n'a tous mots exquis,
Madame, vous voulez refuser un Marquis?
Ma foi, si vous sçaviez combien....
OLYMPE.                        Laisse-moi faire,
Et l'attens au moment qu'il quittera mon Pere;
Le jour baisse déja; si-tôt qu'il sera nuit,
Di-lui sous mon balcon qu'il se rende sans bruit.
LU-

LUCRECE.

Mais si pour vous donner cette grande nouvelle,
Lors que nous rentrerons, mon Oncle vous appelle,
Et qu'à voir le Marquis, dont sans doute il fait cas.

OLYMPE.

J'aurai quelque migraine & ne paroîtrai pas,
Fai ce que je te dis, Virgine.

LUCRECE.                Vous, Oronte,
Rendez-moi du Marquis un plus fidéle compte,
Informez-vous par tout en quelle estime il est.

ORONTE.

Il suffit, vous sçavez si j'y prens intérêt.

*Fin du premier Acte.*

---

# ACTE II.

## SCENE PREMIERE.

### LE MARQUIS, ANSELME.

LE MARQUIS.

N'Allez pas plus avant, Beau-pere, il fait
    trop sombre,
Et quoi que de la nuit mes yeux intaguent l'ombre,
Chez vous de vos vieux ans le cours trop actuel
Doit avoir affoibli le rayon visuel.
Et par-là j'aurois peur qu'en marchant, quelque
    pierre
Vous fît mal à propos donner du nez en terre
Seulement pour demain quand je vous irai voir,
Préparez vôtre Fille à faire son devoir.

ANSELME.

Dès mes plus jeunes ans un Chevalier de Malte
M'apprit que quand l'honneur qu'on daigne nous
                  ( faire

LE MARQUIS.                         Alté.
Vôtre caducité de trop loin se souvient;
Si je vous fais l'honneur, le profit m'en revient.

ANSELME.

Du moins je vous répons d'une fille fort sage,

Mo

Modeste, accorte, douce, à qui, dés son bas âge
Où l'esprit est toûjours de fadaise rempli,
Les Quatrains de Pybrac ont donné le bon pli;
Elle les sçavoit tous, sur chacun, bonne glose.

#### LE MARQUIS.

Les Quatrains de Pybrac ne font rien à la chose,
Et vôtre Fille, étant ce que je me la peins,
Ne se mariera pas pour dire des Quatrains.
Est-elle propre?          ANSELME.
                    Autant qu'une fille peut l'être.

#### LE MARQUIS.

Je vous eusse prié de la faire paroître,
Mais j'ai craint, en suivant ma curiosité,
Quelque soüillon d'habit qui m'en eût dégoûté,
J'aime l'ajustement.          ANSELME.
                    La dépense est petite,
Plus de cent mille écus dont elle seule hérite,
Tant en maisons, effets, comme en argent comp-
                                        (tant....

#### LE MARQUIS.

Ma terre de Lorgnac en vaut deux fois autant.
Qu'elle est belle ! grands parcs pour vaches, bœufs,
          genices,
Grandes foires au Bourg, grandes hautes Justices,
Grands moulins, sans compter de grands fossez
          pleins d'eau
Qu'on passe en ponts-levis pour passer au Château.
                    ANSELME.
Quand je ne vous verrois pour tout bien que la gloi-
D'être sorti de Gens renommez dans l'Histoire,
Mon choix seroit pour vous & ne regardant
                                        (re
          LE MARQUIS.                    (qu'eux....
Ah, que tous les Lorgnacs ont été belliqueux !
                    ANSELME.
La Race en est célébre, & d'abord qu'on la nomme.
              LE MARQUIS.
Beau-pere, ainsi je croi que je suis Gentilhomme.
Hem ?          ANSELME.
          De vôtre Noblesse on n'est guéré en souci.
              LE MARQUIS.
Vous avez pensé voir un amoureux transi,
Mon Cadet qui sans moi, plein d'une sotte flame,
                                        VOUS

Vous auroit demandé vôtre Fille pour Femme,

ANSELME.

Vous touchant de si prés il m'auroit fait honneur,
Et l'on tiendra toûjours sa recherche à bonheur.

LE MARQUIS.

Il est gueux, archigueux.

ANSELME.

Mais son Sang est illustre;
Et par tout sa vertu luy donne tant de lustre,
Que sur ce qu'on en dit.

LE MARQUIS.

Monsieur on, est un sot.
Mon Frere fait le doux, le benin, le cagot,
A l'oüir, vous diriez qu'il n'est rien plus traitable,
Cependant entre nous il ne vaut pas le diable.
C'est un rieur sous cape, & tous ses beaux semblans,
S'ils amorcent quelqu'un, le mettent en draps
    blancs.
Dit-on, draps blancs, Beau-pere, ou blancs draps?

ANSELME.             Il n'importe.

LE MARQUIS.

Non, à ce qu'il paroit aux gens de vôtre sorte,
Mais parmy le beau monde où l'on parle correct,
L'arrangement des mots veut un soin circonspect.
L'esprit est un grand fonds. Vôtre Fille en a-t'elle?

ANSELME.

Chacun le croit.        LE MARQUIS.

Est-il de ruë, ou de ruëlle?

ANSELME.

Qu'appellez-vous, de ruë?

LE MARQUIS.

Un esprit trop bourgeois,
Un esprit dandinant de ces Filles sans poids,
Qui pour toute réponce à ce qu'on leur peut dire,
N'ont qu'un, vous vous moquez, & se mettent à rire.

ANSELME.

Ma Fille, en discourant, pourra vous étonner,
Sur quoy qu'on luy propose elle sçait raisonner,
Jamais de bagatelle; ou c'est la faire taire.

LE MARQUIS.

Et vous l'auriez donnée à mon drille de Frere?
                    B                    Que

Quel dommage! à demain, je verray ce que c'est,
Et de la noce ensuite on résoudra l'appreſt
Les clauſes du Contraƈt déja ſont arrêtées.

ANSELME.

Il ſuffit qu'entre nous elles ſoient concertées,
Et qu'un Dédit ſigné, qui vous répond de moy,
Quoy qui puiſſe arriver, m'engage vôtre foy.
Du reſte, un peu de temps eſt aſſez néceſſaire
A qui tout à la fois a deux noces à faire.

LE MARQUIS.

Deux noces!                    ANSELME.
                    D'une Niéce on m'a fait le Tuteur.
Pour l'épouſer, Oronte attend icy ſa Sœur,
Demain elle y doit être.

LE MARQUIS.
                    Il différe pour elle?

ANSELME.

On luy doit cet honneur.

LE MARQUIS.
                    Et cette Sœur s'appelle?

ANSELME.

La Comteſſe d'Orgueil.

LE MARQUIS.
                    La Comteſſe! ma foy...

ANSELME.

Quoy? vous la connoiſſez?

LE MARQUIS.
                            Ah, ſi je la connoy?
C'eſt une jeune veuve, aimable, alerte, druë.

ANSELME.

On le dit, car pour moy je ne l'ay jamais vûë.

LE MARQUIS.

Nous la gouvernerons. Elle eſt riche?

ANSELME.                    Et trés-fort.
Un Vieillard a tout fait pour elle avant la mort.
Comme ſur ſes vieux ans il l'avoit épouſée,
Avec luy la fortune à faire fut aiſée
Son revenu, au moins, monte à dix mille écus;

LE MARQUIS.

Dix mille écus de rente!          ANSELME.
                    Et peut-être encor plus

LE

### LE MARQUIS.

On fait florés à moins. Peste quelle Commére!

### ANSELME.

Un Duc aussi, dit-on, cherche fort à luy plaire.

### LE MARQUIS.

Un Duc?          ANSELME.

Ouy, qui voudroit....

### LE MARQUIS.

Je croy qu'il voudroit, mais..

### ANSELME.

Elle en est peu touchée.

### LE MARQUIS.

Il ne l'aura jamais.

### ANSELME.

Le temps...          LE MARQUIS.

Eh, je sçay trop où luy tient l'enclóüeure.

---

## SCENE II.

### LE MARQUIS, ANSELME, CARLIN.

### CARLIN *au Marquis.*

Quatre mots à quartier, Monsieur.

### LE MARQUIS *à Anselme.*

Par avanture,
Beau-pere, vous sçavez comme on rentre chez vous?

### ANSELME.

Si je nuis....          LE MARQUIS.

Preste; icy vous gagneriez la toux,
Bon soir.

---

## SCENE III.

### LE MARQUIS, CARLIN.

### LE MARQUIS.

Combien as-tu de poulets à me rendre?

### CARLIN.

La Marquise, chez vous a passé pour vous prendre,
J'ay voulu l'arrêter, mais ne vous trouvant pas...
*C'est donc comme il en fait, fracas contre fracas,*

B 2                              M'a-

*M'a-t'elle dit, Dy-luy que puis qu'il me dédaigne,*
*L'Abbé qui luy déplaît va commencer son régne;*
*J'aurois pû me résoudre à ne l'écouter plus,*
*Mais...*                 LE MARQUIS.
            Ces diables d'Abbez la plûpart sont courus.
                    CARLIN.
Eh, n'en médisons point; certains Abbez novices
Ne sont pas à courir de méchans Bénéfices.
Les Belles trouvent-là de quoy se régaler,
Bijoux, cadeaux, bombance, elles n'ont qu'à parler,
L'argent ne coûte rien ; mais pour vôtre Marquise,
Que faire ?            LE MARQUIS.
            Une douceur la rendra plus soûmise.
                    CARLIN.
Je croy.            LE MARQUIS.
            Ce Vieillard qui vient de me quitter,
Tout Chathüan qu'il est, m'a-t'il pû résister ?
Où l'on me voit tout céde.        CARLIN.
                    Il se résout à prendre,
Sur vôtre bonne foy, le Chevalier pour Gendre ?
            LE MARQUIS.
Il m'a tout accordé,        CARLIN.
                    Que vous êtes heureux
D'avoir pû vous défaire, à la fin, de ce gueux !
Il l'eût falu nourrir, c'est toûjours vôtre Frere,
Que diable auriez-vous fait ?
            LE MARQUIS.
                    Ce que je prétens faire,
Ne le pas secourir du moindre verre d'eau.
                    CARLIN.
Olympe y supléera.
            LE MARQUIS.
                    Tu l'entens. Quel cervean !
J'aurois parlé pour luy ?        CARLIN.
                    Pour qui donc !
            LE MARQUIS.
                    Pour moy-même.
                    CARLIN.
Ah, le traître ! Quoy donc vous aimez ?
            LE MARQUIS.
                    Moy, si j'aime ?
                                        Point

Point du tout, mais mon Frere ayant ce vilain mal,
Pour le defespérer je me fais fon Rival.

### CARLIN.

Si vous luy fouhaitez mifére fur mifére,
Il veut le Conjungo, Monfieur, laiffez-le faire;
N'eft-ce pas, quand luy-même il vous en vient prier,
L'accabler de tous maux, que de le marier?
Qu'on ait volé, brûlé, caufé famine & pefte,
Mariez-moy les gens, ils font punis de refte:
Mais la pitié vous prend, & tant de charité
Pour vôtre cher Cadet vous tient inquiété;
Que réfolu fur l'heure à vous mettre en ménage
Il vous plaît d'enrager de crainte qu'il n'enrage.

### LE MARQUIS

Pauvre ignorant!apprens un tour d'homme d'efprit.
J'ai fcû contraindre Anfelme à figner un Dédit,
Qui de dix mille écus tient la fomme affignée
Sur celui de nous deux qui rompra l'hymenée.

### CARLIN.

Rien que cela? bon, bon, vous voilà garotté.

### LE MARQUIS.

Contre le Chevalier c'eft-là ma feureté.
Par ces dix mille écus où fon feing le condamne,
Anfelme pour fa Fille eft bridé comme un âne.

### CARLIN.

Vous connoit-elle?

### LE MARQUIS.

                    Non, l'entrevûë à demain,
J'y dirai de bons mots fi je me mets en train;
Car je croi que je puis, fans peur d'engendrer noife,
Pouffer l'humeur gaillarde avec une Bourgeoife.

### CARLIN.

Mais vous l'épouferez?

### LE MARQUIS.

                        Oui, fi le cœur m'en dit.

### CARLIN.

Comment?        LE MARQUIS.

            Vivent, Carlin, vivent les gens d'efprit.
Sans tenir jamais rien je promettrai fans ceffe,
Tant qu'enfin la jauniffe entraine la Maîtreffe,
Et que le Chevalier qui n'aura pas le fou

S'aille de defefpoir faire caffer le cou.
Les Turcs le devoient bien échigner en Candie.
CARLIN.

(die?
Ils ont tort, mais pour lui, que voulez-vous qu'on
C'eft l'ordre, chacun vit le plus long-temps qu'il
LE MARQUIS.

(peut.
Tai-toi, l'on vient à nous. Jour & nuit on m'en veut,
C'eft quelque Belle encor.
CARLIN.

Je vai la reconnoître.

---

# SCENE IV.

LE MARQUIS, VIRGINE, CARLIN.
## VIRGINE.

Carlin.
CARLIN.

C'eft toi, Virgine!
VIRGINE.

Oui, qui cherche ton Maitre.
Vous puis-je dire un mot, Monfieur?
LE MARQUIS.

Quatre au lieu d'un.
La honte vous fait donc choifir le moment brun,
Et vous venez dans l'ombre en fine tapinoife
Eprouver fi mon cœur aifément s'apprivoife?
VIRGINE.

Du moins je vous apporte un avis important,
Ce foir à fa fenêtre Olympe vous attend.
LE MARQUIS.

Quoi, la Fille d'Anfelme?
VIRGINE.

Elle-même.
LE MARQUIS.

La chate!
L'honneur de m'époufer terriblement la flate;
Dés ce foir feul à feul vouloir m'entretenir?
VIRGINE.

Vous voyez le balcon, y peut-elle venir?
La nuit fe fait obfcure.
LE MARQUIS.

Obfcure ou non, qu'importe?
Cous

Cours aſſembler mes Gens pour me ſervir d'eſcorte,
Carlin, dans un moment je te rejoins chez moi.

CARLIN.

On vous demande ſeul.

LE MARQUIS.

Quelque badaut, ma foi.
Tiens-moi prête ſur tout cette cotte de maille
Qui me ſert quand de nuit le cas veut qu'on cha-
maille.
Que ſçait-on quelquefois ce qui peut arriver?
Va vîte.

---

# SCENE V.

## LE MARQUIS, VIRGINE.

LE MARQUIS.

AU rendez-vous je ſçaurai me trouver.

VIRGINE.

Ne vous éloignez point, Monſieur, à la fenêtre
Avec moi toute à l'heure Olympe va paroître.

LE MARQUIS.

Tu la peux avertir, je reviens ſur mes pas.
Se. Elle me connoît? VIRGINE.

Qui ne vous connoît pas?
Un homme dont partout on parle avec éloge?

LE MARQUIS.

Il eſt vrai qu'il faudroit être pis qu'Allobroge.
Je fais bruit ſi jamais aucun Marquis en fit.

VIRGINE.

Vous êtes beau, galant, gracieux, plein d'eſprit.

LE MARQUIS.

Tu te connois en gens. Pour l'eſprit d'ordinaire
J'en cache la moitié dont je ne ſçai que faire,
Sans cela je mettrois tout le monde en défaut.

VIRGINE.                    ( faut,

Olympe eſt donc, Monſieur, tout comme il vous là
Vous pouvez pratiquer le haut ſtile avec elle,
Lui parler ſerieux, d'un ton grave.

LE MARQUIS.          Es-tu belle,

Car dans l'obſcurité je ne ſçaurois ſçavoir

B 4                    Com-

Comme ton nez est fait; s'il est ou blanc ou noir?

#### VIRGINE.

Vous êtes curieux.

#### LE MARQUIS.

      Tu me parois friponne,
Et comme en certains temps volontiers on raison-
Si je te connoissois digne de raisonner... (ne,

#### VIRGINE.

J'entens marcher, adieu.

---

## SCENE VI.

### LE MARQUIS, LE CHEVALIER.

#### LE MARQUIS.

Qui vient m'importuner?

#### LE CHEVALIER.

Je vous ay par hazard apperçû dans la ruë,
Je m'en allois chez vous.

#### LE MARQUIS.

        Vous avez bonne vûë,
Je ne vous voyois pas, moy.

#### LE CHEVALIER.

        L'amour est preslant,
Et me fait vous...

#### LE MARQUIS.

      Autant en un mot comme en cent.
Vous venez demander l'effet de ma harangue?
Jamais je ne me suis mieux servy de ma langue,
Et j'ay si bien presché, qu'à l'éclat de mon nom
Le bon homme ébloüy n'a pû me dire, non.

#### LE CHEVALIER.

Il me donne sa Fille?

#### LE MARQUIS.

       Elle sera Loignaque.

#### LE CHEVALIER.

Quelle gloire!

#### LE MARQUIS.

    Pour vaincre, il suffit que j'attaque.

#### LE CHEVALIER.

Que ne vous dois-je point?

             LE

**LE MARQUIS.**

Mon Dieu, je le sçay bien.

**LE CHEVALIER.**

Si mon sang....

**LE MARQUIS.**

Laissons-là vos complimens de chien,
Je n'en veux point.

**LE CHEVALIER.**

Il faut me taire, mais sans doute....

**LE MARQUIS.**

Eloignons-nous d'icy de peur qu'on nous écoute.

**LE CHEVALIER.**

Puisque mes feux d'Olympe ont mérité la main,
Je voudrois....

**LE MARQUIS.**

Et bien, quoy? jaser jusqu'à demain?
Venez, pour satisfaire à vôtre impatience,
Jusqu'au prochain détour je vous donne audience.

**LE CHEVALIER** *bas.*

Ne vois-je pas quelqu'un qui s'avance au balcon?
Si c'est Olympe?

**LE MARQUIS.**

Enfin me suivez-vous, ou non?

---

# SCENE VII.

## LUCRECE, OLYMPE, VIRGINE.

**LUCRECE** *dans le Balcon.*

Je n'entens plus personne.

**VIRGINE.** Il ne tardera guére.

**OLYMPE** *à Lucréce.*

Cousine, va de grace entretenir mon Pere,
Et l'amuse si bien par ce que je te dis.
Que je trouve le temps de parler au Marquis.

**LUCRECE.**

J'aurois à l'écouter une joye excessive.
Mais pour tes intérêts il faut que je m'en prive,
Tel qu'il puisse être, au moins j'en attens le portrait.

**OLYMPE.**

Repose-t'en sur moy, tu l'auras trait pour trait.

 SCE-

## SCENE VIII.
### OLYMPE, VIRGINE.
#### VIRGINE.

N'En déplaise à quiconque a fait la médisance,
Je maintiens le Marquis un Marquis d'importance.
Si ce grand sérieux n'est pas dans ce qu'il dit,
C'est qu'il a l'humeur gaye & qu'il se divertit,
Mais quand il veut il parle,  & des mieux.

#### OLYMPE.                          Je souhaite
Qu'il n'ait pas les défauts…

#### VIRGINE.
                        Charitez qu'on lui prête.
Croyez-moi, le mal est qu'à trop l'examiner,
Vous êtes prévenuë, & voudrez rafiner?

#### OLYMPE.
Mais tu sçais à quel point Oronte le méprise.

#### VIRGINE.
C'est qu'il enrageroit si vous étiez Marquise,
Et qu'il ne sçauroit voir sans en être jaloux, ( vous.
Qu'en l'époufant, Lucréce ait moins de rang que

## SCENE IX.
### LE CHEVALIER, OLYMPE, VIRGINE.

#### LE CHEVALIER bas.
J'Ai quité mon Brutal pour chercher ce que j'aime.

#### OLYMPE.
N'entens-tu pas du bruit?            VIRGINE.
                        J'écoute, c'est lui-même,

#### OLYMPE.
Son retour est bien prompt.

#### VIRGINE.               L'amour l'a fait voler.

#### LE CHEVALIER.
Mes vœux étant reçûs je puis enfin parler.
Eſt-ce vous, belle Olympe?

#### OLYMPE.
                        Oui, parlez bas de grace.
                                             LE

LE CHEVALIER.

Un pere de ma flame authorise l'audace,
Et fort de son aveu je pourrois m'applaudir
Sur le flateur espoir qu'il lui plaît d'enhardir.
J'en prens, je vous l'avouë, assez de confiance
Pour ne balancer plus à rompre le silence ;
Mais cet aveu, Madame, assure peu ma foi
A voir tout ce qui doit vous parler contre moi.
Quoi qu'il semble à mes vœux donner pleine vi-
       ctoire,
Vous demeurez toûjours arbitre de ma gloire,
Et l'espoir qu'il me souffre est pour moi sans dou-
Si je n'ai mérité de toucher vôtre cœur.    ( ceur
C'est lui qu'à cet espoir l'amour veut qui consente,
Je ne suis point heureux si vous n'êtes contente,
Et le moindre soûpir à vôtre ame échapé
Me reproche un pouvoir lâchement usurpé
Aurois-je le malheur de vous en faire naître ?

VIRGINE.

Madame, ce début ? hem, m'y sçai-je connoître ?

OLYMPE.

Voyons la suite, il peut l'avoir étudié.
  L'amour hait ce qu'il tient d'un secours mandié,
Et tout autre peut-être eût tâché de me plaire
Avant que d'employer l'autorité d'un Pere.
N'importe, c'est beaucoup pour flater vôtre espoir,
Sa parole est donnée, & je sçai mon devoir.

LE CHEVALIER.

Si je m'en prevalois vous pourriez vous en plaindre;
Mais quoi qu'il m'ait promis, vous n'avez rien à
      craindre.
Pressé de mon amour je ne l'ai fait parler
Que pour être en pouvoir de vous plus immoler.
Incertaine autrement s'il agréroit ma flame,
Vous tiendrez vos vœux renfermez dans vôtre ame,
Mais lors que mon respect vous soûmet son aveu,
Je vous donne plein droit d'ordonner de mon feu,
Sur lui, sur son espoir vous êtes Souveraine ;
Ainsi dites un mot, la victoire est certaine,
C'est de vous qu'il la veut, prêt à la refuser
Si vos desirs contraints s'y peuvent opposer.

B 6

OLYM-

OLYMPE.
Ce n'eſt pas grand effort que de ſe rendre maître
D'un amour qui ne fait que commencer à naître.
LE CHEVALIER.
Que commencer à naître? Ah, ne le croyez pas.
Je brûle dés long-temps pour vos divins appas,
Le reſpect, il eſt vray, juſqu'icy m'a fait taire;
Mais je n'en ai pas eu moins d'ardeur de vous plaire,
Et mes yeux ont trahy les ordres de mon cœur
S'ils ne vous ont cent fois parlé de ma langueur.
A vous chercher par tout leur ſoin étoit extrême,
Au Temple, dans la ruë, à vôtre balcon même,
Et les vôtres ſouvent par un regard rendu
Ont ſemblé m'avertir que j'étois entendu.
OLYMPE.
Une ardeur ſi diſcrette a mérité ſans doute
De me trouver ſenſible aux ſoins qu'elle vous coûte;
Mais ma mémoire en vain vous cherche ſur mes pas.
LE CHEVALIER.
Vous ne m'avez point vû?        OLYMPE.
                            Je ne m'en ſouviens pas.
LE CHEVALIER.
Je m'en étois flaté; pour moy je vous ay vûë, (vûë
Mais cent fois, mais toûjours de tant d'attraits pour
Que mes brûlans tranſports s'augmentant chaque
A peine tout mon cœur ſuffit à mon amour. (jour,
Tout ce qui de mes ſens fit d'abord la ſurpriſe,
N'eut rien que ma raiſon aujourd'huy n'authoriſe,
Sans ceſſe elle me dit qu'il faut vous adorer,
Qu'à l'heur de vous ſervir rien n'eſt à préférer:
Madame, je me pers pour avoir trop à dire.
VIRGINE *bas à Olympe.*
Pouvez-vous écouter ces fadaiſes ſans rire?
OLYMPE.
Tay-toy.        VIRGINE.
            Ce n'eſt qu'un ſot, il ne ſçait ce qu'il dit,
Il vous plait donc?        OLYMPE.
                    Que trop.
VIRGINE.        Il n'avoit point d'eſprit:
LE CHEVALIER.        [re?
Vous conſultez enſemble, hélas, qu'en dois-je croi-
                                            Par-

Parlez, résolvez-vous ou ma perte, ou ma gloire?
### OLYMPE.
Vous venez de me peindre un cœur bien enflamé,
Et quiconque aime ainsi mérite d'être aimé.
Mais si d'un autre amour j'étois préoccupée?
### LE CHEVALIER.
Ah, de quel desespoir j'aurois l'ame frapée!
J'en mourrois de douleur, mais dans mes déplaisirs
Vous ne me verriez point contraindre vos desirs.
Je vous l'ay déja dit, malgré l'aveu d'un Pere
Je renonce à l'espoir si je ne puis vous plaire,
Un autre à vôtre bien pourroit être attaché,
Mais ce n'est que de vous que j'ay le cœur touché,
Et quand vous auriez eu le sort moins favorable,
Vous seriez à mes yeux également aimable,
Vôtre seule personne est tout ce que je voy.
### OLYMPE.
Ces nobles sentimens obtiennent tout de moy,
Et rien ne sçauroit plus m'obliger à vous taire,
Que quand vous ne seriez que ce qu'est vôtre Frere,
Trahy de la fortune, avec la même ardeur
Je voudrois vous donner & ma main & mon cœur.
Ny le rang de Marquis, ny tous vos droits d'aînesse
### LE CHEVALIER.
Elle croit que je sois le Marquis? Ah Dieux!
### OLYMPE.                                    Qu'est-ce?
Nous vient-on écouter?
### LE CHEVALIER.
                    Non, Madame, achevez
Voilà les derniers coups qu'il m'avoit reservez,
Je le voy trop, le lâche a parlé pour luy-même.
### OLYMPE.
Non, vôtre Marquisat ne fait pas ce que j'aime,
Et pour gagner mes vœux sur le choix d'un Epoux,
Vos soins n'avoient besoin seulément que de vous.
### LE CHEVALIER.
Donc à ce que j'aprens vous connoissez mon Frere?
### OLYMPE.
Quoy, vôtre Chevalier? il prétend à me plaire,
Et je croy qu'il est bon de vous en avertir
Bien moins par vanité que pour vous divertir.

LE

#### LE CHEVALIER.
Vous le voyez fouvent ?

#### OLYMPE. Plus que je ne fouhaité,
Il me cherche en tous lieux, paffe, revient, s'arréte,
Jour & nuit fait la ronde, & je m'étonne bien
Qu'il n'eſt déja venu troubler nôtre entretien.

#### LE CHEVALIER.
Et ſes empreſſemens ne font que vous déplaire ?

#### OLYMPE.
Je le dois épargner étant né vôtre Frere.

#### LE CHEVALIER.
Non, vous m'obligerez de ne me point cacher
D'où vient que tant de foins ne vous ont pû tou-
Le trouvez vous mal fait ?                (cher.

#### OLYMPE. Sa perfonne eſt bien prife,
Si j'en croy ſes Amis, dans le monde on le priſe,
Mais puis qu'il vous en faut dire la vérité,
Il me paroît avoir grande ſtupidité :
Et comme enfin le cœur a ſes ſecrets ſuffrages,
Eût-il & vôtre bien & tous vos avantages,
Si mon pere pour lui difpofoit de ma foy,
Mon devoir me feroit une fort dure loy,
J'irois jufqu'à l'éclat plûtôt que m'y réfoudre.
Vous ne me dites rien ?

#### LE CHEVALIER bas.
Ah Dieux ! quel coup de foudre !

#### VIRGINE à Olympe.
C'eſt qu'on fait quelque bruit, & qu'il écoute.

---

## SCENE X.

### LE MARQUIS, OLYMPE, LE CHEVALIER, VIRGINE, CARLIN.

#### LE MARQUIS à Carlin.

Allons,
Pour m'entendre jafer tiens-toy fur mes talons.
Mille jolivetez qui dans l'efprit me viennent...
Mon cocher, mes laquais ?

#### CARLIN. Ils font-là.

LE

**LE MARQUIS.**          Qu'ils s'y tiennent.

**OLYMPE** *au Chevalier.*

Quelqu'un s'avance, adieu Marquis, feparons-nous.

**LE CHEVALIER** *à Olympe.*

C'eſt mon Frere.          **OLYMPE.**

Je crains l'infulte d'un jaloux,

Je vous l'avois bien dit, qu'il paſſoit à toute heure.

**LE MARQUIS.**

Qui va là?          **LE CHEVALIER.**

Moy.          **LE MARQUIS.**

Qui?

**LE CHEVALIER.**

Moy.

**LE MARQUIS.**

C'eſt mon Frere, où je meure,

Carlin.          **CARLIN.**

Qu'il se retire.

**LE MARQUIS.**

Et s'il fait le mutin?

**OLYMPE.**

Ah, Dieux!          **LE CHEVALIER.**

Ne craignez rien.

**LE MARQUIS.**          Juſqu'à demain matin,

Je veux être ici feul, qu'on déloge.

**LE CHEVALIER.**          Quoi, traître,

Tu prétens avec moi parler toûjours en maître?

**LE MARQUIS.**

Mes Gens.          **LE CHEVALIER.**

Tu m'as fourbé.

**LE MARQUIS.**

Vite, mes Gens, à moi.

Main baſſe.          **LE CHEVALIER.**

Quoi, main baſſe: Avance, & fonge à toi.

Tu recules, infame.          **OLYMPE.**

Où me vois-je réduite?

**VIRGINE,**

Monſieur le Chevalier prend galamment la fuite.

**OLYMPE.**

Quel brutal? contre un Frere?

**VIRGINE.**          Il se fauve en larron;

Et cependant de jour il fait le fanfaron,

A le voir, vous diriez que c'eſt la valeur même.
OLYMPE.
Le nombre m'épouvante, & ma peine eſt extrême.
VIRGINE.
Le Marquis eſt adroit; comme il l'a relancé !
Ils ſont déja bien loin.    OLYMPE.
S'il faut qu'il ſoit bleſſé.
VIRGINE.
Il ſe ménagera.    OLYMPE.
Retirons-nous, Virgine.
VIRGINE.
Vous vous inquiétez, n'en faites point la fine.
OLYMPE.
Je crains toûjours pour luy.    VIRGINE.
Vous l'aimez donc ?
OLYMPE    Hélas ?
Je ne craindrois pas tant ſi je ne l'aimois pas.

*Fin du ſecond Acte.*

---

# ACTE III.
## SCENE PREMIERE.
## LUCRECE, ORONTE.
### LUCRECE.

Vous vous éloignez donc ?
ORONTE.    La peine m'eſt cruelle,
Mais il faut obéïr, l'ordre du Roy m'appelle.
Au moins ce qui me rend ce malheur adoucy,
J'eſpere à mon retour, trouver ma Sœur icy,
Et que tout ſera preſt pour l'heureux hymenée
Qui doit à vôtre ſort unir ma deſtinée.
LUCRECE.
Je crains un long ſejour ſi l'ordre eſt important.
ORONTE.    ( ſtant
Je prens, pour moins tarder, la poſte au même in-
Et j'obtiens dans trois jours, le bonheur que je preſ-
Pourvû qu'en arrivant je trouve la Comteſſe.    ( ſe,
L'amitié qui nous joint la fera ſe hâter.
Olym.

Olympe cependant pourra se consulter,
Je crains tout de l'Epoux qu'Anselme luy destine.
LUCRECE.
J'ignore, en le voyant, ce que fera sa mine;
Mais l'ayant cette nuit long-temps entretenu,
Elle veut que d'erreur chacun soit prévenu:
Jamais, s'il l'en faut croire on n'eut tant de mérite.
ORONTE.
Mais moy-même je viens de luy rendre visite.
Vôtre Oncle m'a mené luy faire compliment;
Et puis que je l'ay vû, j'en parle sçavamment.
LUCRECE.
Et que vous a-t'il dit?          ORONTE.
                    Sottise sur sottise,
Qu'un Abbé luy fait piéce avec une Marquise,
Et que ma Sœur jamais ne luy pardonnera
S'il néglige à la voir dés qu'elle arrivera.
LUCRECE.
Il connoît la Comtesse?       ORONTE.
                    Il se le persuade.
Où l'auroit-il pû voir? pure fanfaronnade!
Le bon homme luy-même en est scandalisé.
LUCRECE.
A cela prest encor a-t'il l'esprit aisé?
ORONTE.
Rien moins, & l'on croiroit qu'il cherche à faire rire.

---

# SCENE II.
## OLYMPE, LUCRECE, ORONTE.

OLYMPE à Oronte.
Est-ce une vérité que l'on vient de me dire?
Vous partez?          ORONTE.
                    Ouy, Madame, & par l'ordre du Roy.
LUCRECE.
Mais vous m'avez promis....          ORONTE.
                    Je sçay ce que je doy,
Mon cœur qui vous demeure assure ma promesse;
Cependant, belle Olympe, ayez soin de Lucréce,
Tous les momens qu'icy je donne à mon amour

Ne

Ne font que différer d'autant plus mon retour,
Ainsi puis qu'il le faut je m'arrache à moi-même.

## SCENE III.
### LUCRECE, OLYMPE.

OLYMPE.

LE chagrin de l'absence est cruel quand on aime,
Cousine, je te plains.          LUCRECE.          Il doit si-tôt cesser,
Que je n'aurai pas trop le loisir d'y penser.
D'ailleurs, j'ai tant de part à prendre dans ta joye...
OLYMPE.
Tu m'aimes, & je sçai ce qu'il faut que j'en croye,
Mais que t'a dit Oronte? il a vû le Marquis.
LUCRECE.
Que sert de te parler, si ton dessein est pris?
Il te plaît, c'est assez.          OLYMPE.
                    Mais quoi qu'il m'ait sçû plaire,
Si tu m'ouvrois les yeux....    LUCRECE.
                    Vois-tu? je suis sincére,
Et je te dirois plus que tu ne veux sçavoir.
OLYMPE.
Quels défauts a-t'il vûs?          LUCRECE.
                    Tout ce qu'on en peut voir,
Une vanité sotte, un esprit ridicule.
OLYMPE.
Ah, pour l'esprit, permets que je sois incrédule,
Je m'y connois un peu; pour quelque vanité
C'est un vice ordinaire aux gens de qualité,       (se,
Et peut-être est-il bon, quoi que le monde en cau-
De croire quelquefois que l'on vaut quelque-chose.
Si le Marquis se juge un peu d'orgueil permis,
Avec moi, pour le moins, il n'est rien plus soûmis,
C'est un respect si grand, une ardeur si discrette,
Que...          LUCRECE.
      T'en voilà coifée, il t'a dit la fleurette ( ment
Mais ce qui me confond, c'est de voir qu'un mo-
Ait produit dans ton ame un si grand changement.
Je veux qu'il ne soit pas ce qu'on le prétend être,

Ce n'eſt que d'hier au ſoir que tu le peux connoître,
L'entretien dura peu, tu parlas ſans le voir,
Et déja ſur ton cœur l'amour a tout pouvoir?

OLYMPE.

Voilà ce que ſur moi fait l'eſprit, c'eſt mon charme,
Quoi que fiére, par lui ma fierté ſe deſarme,
Et pour être le prix d'un don ſi précieux,
Mon cœur n'a pas beſoin du conſeil de mes yeux.

LUCRECE.

Sans ce rafinement, di que ce qui t'a priſe,
C'eſt la douceur de voir que tu ſeras Marquiſe;
Couſine, un ſi beau nom couvre bien des défauts.

OLYMPE.

'Ah, tu me connois mal.         LUCRECE.

                              Je ſçai ce que tu vaux,
Le faſte juſqu'ici ne t'a point éblouïe,
Mais le Marqnis peut bien…

         OLYMPE.                Tu t'en és réjouïe,
Soit; au moins croi tes yeux plûtôt qu'un faux rap-
         port.
Je l'eſtime, il viendra tu verras ſi j'ai tort.
Ce n'eſt pas ſeulement ſon eſprit que j'admire,
Son courage l'égale, & l'on n'en peut trop dire.
Si je te pouvois bien dépeindre de quel air
Il repouſſa ſon Frere, & le fit reculer…

---

# SCENE IV.

## OLYMPE, LUCRECE, VIRGINE.

VIRGINE à *Olympe.*

Madame, une viſite où vous ne ſongiez guére,

LUCRECE à *Virgine.*

Ce n'eſt pas le Marquis?

VIRGINE.         Non, c'eſt ſon brave Frere

OLYMPE.

Dequoi s'aviſe-t'il?        LUCRECE.

                         Quoi que l'on t'en ait dit,
Tu t'és préoccupée, il doit manquer d'eſprit.

OLYMPE.

Sur un pareil défaut quand je lui ferois grace,

Ce qu'il fit hier au soir marque une ame si basse,
Qu'au moins si je m'en tais, il sera mal-aisé
Qu'il me trouve à l'estime un cœur bien disposé.
VIRGINE.
De peur que le Vieillard luy-même ne l'améne,
Je vay vous écouter de la chambre prochaine,
Prenez l'occasion de faire enfin ma paix.
OLYMPE.
J'employeray le Marquis, va je te le promets.

---

## SCENE V.

LE CHEVALIER, OLYMPE, LUCRECE.

LE CHEVALIER.

MAdame, j'ay douté si ce seroit vous plaire
Que venir prendre part au bonheur de mon Frere,
Je suis né malheureux, & voy malgré mes soins
Que souvent j'importune où je l'ay crû le moins.
Mais l'honneur que sur moy fait rejallir sa flame,
Avecque trop de force a pénétré mon ame,
Pour ne m'avoir pas fait à la fin surmonter
Le scrupuleux respect qui vouloit m'arrêter.
Si d'un pareil devoir l'empressement vous gêne,
Au moins daignez songer qu'un beau zélé m'améne,
Et qu'il ne me faloit qu'avoir le sort plus doux
Pour en rendre l'ardeur moins indigne de vous.
OLYMPE.
Je dois trop aux bontez du Marquis vôtre Frere
Pour ne pas estimer ce qu'il vous plaît de faire,
Et vous m'avez fait tort quand vous avez douté
Si vous hazarderiez cette civilité.
Non que je la mérite, & que je deusse attendre
Que vous pussiez si-tôt songer à me la rendre,
Mais j'ay quelque lumiére, & sans rien exiger
Je sçay ce que je dois à qui veut m'obliger.
LE CHEVALIER.
Ah, vous ne devez rien, & quoy qu'on puisse faire,
On en est trop payé par l'honneur de vous plaire.
Mais hélas! quels devoirs si pressans, si soûmis
Pourroient jamais laisser ce doux espoir permis?
Vous

Vous plaire est une gloire au dessus de toute autre,
Tout mérite s'efface à voir briller le vôtre,
Et le bonheur d'un seul par ses flateurs appas,
Cause bien des soûpirs que vous n'entendez pas.

LUCRECE.

Est-il stupide?                    OLYMPE.

Non, j'en suis assez contenté,
Mais le Marquis, c'est bien autre chose, il enchante.
*au Chevalier.* J'étois peu preparée à retevoir de vous
Des éloges conçûs en des termes si doux,
Je les trouve un peu forts.          LE CHEVALIER.

S'ils n'ont rien qui vous touche,
C'est qu'ils perdent leur grace en passant par ma
bouche;
Mais l'absence où je suis tout prest à recourir,
Vous laissera de moy peu de chose à souffrir.

LUCRECE.

Vous nous abandonnez?          LE CHEVALIER.

Paris m'est trop contraire,
Le Ciel depuis long-temps m'y voit d'un œil sévére;
Et peut-être qu'ailleurs j'auray le sort plus doux.

OLYMPE.

Quel malheur assez grand vous éloigne de nous?

LE CHEVALIER.

Celuy de trop aimer, & de ne sçavoir plaire.

OLYMPE.

La Dame est bien cruelle.          LE CHEVALIER.

Ah Dieux, qu'elle m'est chére!
Quoy que ses durs mépris me causent mille maux,
Je n'ay point à m'en plaindre, elle sçait mes défauts,
J'en dois subir la peine, en aimer la justice.

LUCRECE.

Il n'est point de rigueur que le temps ne fléchisse,
Voyez, parlez, pressez, pourquoy vous rebuter?

LE CHEVALIER.

Que je presse! non, non rien n'est plus à tenter,
L'amour plus de cent fois m'a fait chercher sa vûë,
Je n'en ay parlé qu'une, & cette fois me tuë,
Dans cette seule fois elle m'a fait sçavoir
Tout ce qui porte une ame au plus vif desespoir,
Dans cette seule fois elle m'a fait entendre.

OLYM-

OLYMPE.

Cette façon d'agir ne me peut trop surprendre.
Le cœur doit être libre à se laisser charmer,
Mais on peut sans mépris se défendre d'aimer.

LUCRECE.

Que je lui veux de mal !

LE CHEVALIER.

Ah non quoi qui m'arrive,
Qu'elle ait tout le bonheur dont sa rigueur me prive,
Par là mon desespoir peut être soulagé,
Et tout ce que je crains c'est d'en être vangé.

OLYMPE.

Tant de respect gardé fait voir….

LE CHEVALIER.

Adieu, Madame,
A trop d'emportement j'abandonne ma flame,
Et sans doute j'ai tort de mêler mes chagrins
Aux sensibles douceurs de vos heureux destins.

---

## SCENE VI.
## LUCRECE, OLYMPE.

LUCRECE.

Dy tant que tu voudras que ton Marquis l'efface,
Sa plainte m'a touchée.　　　OLYMPE.

Il l'a faite avec grâce,
Et sans ce qu'il fit hier qui témoigne un cœur bas,
Son esprit, tel qu'il est, ne me déplairoit pas.

LUCRECE.

Il a voulu toûjours épargner ce qu'il aime,
Et d'abord je croyois qu'il parlât de toi-même,
Son œil étoit vers toi si tendrement tourné…

OLYMPE.

Sur quelques soins rendus je l'aurois soupçonné,
Mais pour lui quels mépris ai-je laissé paroître ?

LUCRECE.

Cette nuit au Marquis tu les as fait connoître.

OLYMPE.

Le Marquis est discret.　　　LUCRECE.

Ne te répons de rien.

OLYM-

OLYMPE.
Mais avec lui jamais ai-je eu quelque entretien?
Il dit qu'il a parlé.

LUCRECE.
Ce n'eft pas toi qu'il aime,
D'accord; on le maltraite, & tu ferois de même,
Qu'importe quel Objet fa paffion ait eu?

OLYMPE.
Voici quelque meffage.

---

# SCENE VII.

OLYMPE, LUCRECE, CARLIN.

LUCRECE.

Approche.

OLYMPE. Que veux-tu?

CARLIN.
C'eft Monfieur le Marquis, Madame, qui m'en-
voye. . . .

OLYMPE.

Le Marquis? CARLIN.
Il eft là.

LUCRECE à Olympe.
Tes yeux brillent de joye.

OLYMPE.
Qu'il entre.

CARLIN bas.
Elles verront un rare Original.

OLYMPE.
Enfin tu vas juger fi je m'y connois mal.

LUCRECE.
Je me tais.

OLYMPE.
Le voici.

LUCRECE.
Quel excés de parure!
Il eft tout englouti dedans fa chevelure.

OLYMPE.
Que dis-tu de fon air? l'a-t'il galant & doux?

## SCENE VIII.
### LE MARQUIS, OLYMPE, LUCRECE, CARLIN.

LE MARQUIS, *à Carlin.*

C'Est celle-ci ? *à Olympe.* Bon jour, comment
vous portez-vous ?

OLYMPE.

Comme ayant eu long-temps toute l'inquiétude
Où d'un malheur qu'on craint plonge l'incertitude.
Ce combat imprévû...

LE MARQUIS.

Vous parlez d'hier au soir ?
Ce n'est rien, en courant j'eus belle peur de choir.
J'en tenois tout du long faisant la culebute.

OLYMPE.

De nuit les plus vaillans sont sujets à la chute.

LE MARQUIS.

Comment aurois-je fait pour n'être point vaillant ?
Ce n'est que feu par tout ; j'ay le sang pétillant.
Ta, ta, ta, quand je voy que l'Ennemy recule,
Et haye aprés.

OLYMPE *bas.*

D'où vient qu'il fait le ridicule ?
Me veut-il éprouver ?

LE MARQUIS.

Je croy qu'en cet instant
Vous avez à me voir le cœur bien palpitant.
Que je taste.        OLYMPE.

Ah, grands Dieux !

LE MARQUIS *montrant Lucrece.*

C'est-là vôtre Cousine ?

OLYMPE.

Pourquoy le demander ?

LE MARQUIS.

On le voit à sa mine.
Elle a le front ouvert, la bouche à l'avenant,
Et visage jamais ne fut plus cousinant.

LUCRECE.

C'est-là ce grand esprit ?

OLYM-

OLYMPE.          Ne me dy rien.  J'enrage.
Se peut-il faire...      LE MARQUIS.
                    Encor un mot de cousinage.
Tout à l'heure en entrant j'ay trouvé deux Blondins
Qui pour me haranguer se sont dits vos Cousins.
Je leur ay de mes Gens chez eux offert l'escorte,
Baissé la tête ensuite, & fait fermer la porte.
             LUCRECE.
Ils méritoient de vous plus de civilité.
           LE MARQUIS,
Je hay ces complimens à droit de parenté,
Cent devoirs dans l'abord de peur qu'on se mutine,
Grand accueil au Cousin, & tout pour la Cousine.
           LUCRECE.
Quoy, vous serez jaloux?
           LE MARQUIS.
                    Ouy, si je deviens fou.
Jaloux! Je ne voy pas ny comment, ny par où
Diable, aprés qu'on m'a vû regarde-t'on personne?
Cet œil perçant? ce tour de visage? Ah, friponne!
Je vous voy me lancer un regard tendre & doux.
Qui fait... *à Olympe.* Vôtre Cousine est plus belle
           LUCRECE.           (que vous.
Vous nous déconcertez, cela se doit-il dire?
           LE MARQUIS.
Doive ou non, je m'en ris.
     LUCRECE.  Mais pourquoy vous en rire?
Puis qu'enfin vous l'aimez...
           LE MARQUIS.
                    C'est-là la question,
L'amour me cause encor peu d'indigestion,
Et j'ay le cœur...    LUCRECE.
             Nier une flame avoüée!
           OLYMPE.
Il faut m'en éclaircir, sans doute on m'a joüée.
Estes-vous le Marquis?
           LE MARQUIS.
             La buse!
     OLYMPE.          Répondez.
           LE MARQUIS.
Vous-même sçavez-vous ce que vous demandez?
          C              OLYM.

OLYMPE.

Cousine, on me fait piéce,

LUCRECE.          Elle seroit bien forte.

LE MARQUIS.

Si je suis le Marquis ? Ouy, le diable m'emporte,
Je le suis.          OLYMPE.

          Quoy, celuy qu'en qualité d'Epoux…

LE MARQUIS.

Celuy qui cette nuit avoit le rendez-vous.          (ble,
Quel rendez-vous ! jamais je n'eus frayeur sembla-
Mon Cadet dégaînant a fait d'abord le diable,
Et si je n'eusse pas promptement détalé,
J'en avois tout au moins pour un bras avalé.

LUCRECE à *Olympe.*

C'est-là comme tu dis qu'il a poussé son Frere.

OLYMPE.

A la fin je commence à percer le mystére
Vous n'avez pû me voir ?

LE MARQUIS.          Il m'avoit prévenu.
Mais dites, l'avez-vous long-temps entretenu ?
Il vous en a bien dit, car enfin il enrage
D'avoir été dupé sur vôtre mariage.
Ayant auprés d'Anselme imploré mon appuy,
Il croyoit sottement que j'eusse agy pour luy ;
Même pour me pouvoir divertir de sa flame,
Je l'avois assuré qu'il vous auroit pour femme,
Qu'on approuvoit ses feux, vous l'aurez détrompé ?

OLYMPE.

De quel étonnement mon esprit est frapé !

LUCRECE à *Olympe.*

Oronte avoit-il tort ? ton Marquis ?

OLYMPE.          Je le quitte.
Celuy dont je t'ay tant élevé le mérite,
Que j'ay crû le Marquis, c'étoit le Chevalier.

LE MARQUIS.

Vous donnez toutes deux, dans le particulier.
Parlez haut, si l'amour à l'envy vous talonne,
Vous m'avez vû, le mal n'a plus rien qui m'étonne.
Quand avec le grand mot recevrez-vous ma foy,
Rÿcule ?          OLYMPE.

          Rien ne presse.

                                        LE

LE MARQUIS.      Et je veux preſſer moy.
LUCRECE.
Un Amant prend toûjours l'ordre d'une Maitreſſe.
LE MARQUIS.
Bon pour les non Marquis.
OLYMPE.      Ah, ma chére Lucréce.
Quel malheur eſt le mien ?
LE MARQUIS.   Lucréce eſt un beau nom.
Eſt-ce par chaſteté que vous l'avez pris ? non.
Vous avez l'œil tourné…
LUCRECE.   Que me voulez-vous dire?
LE MARQUIS.
Qu'une Lucréce en vous… regardez-moy ſans rire.
Si, comme il eſt encor des Tarquins, par hazard
Vous en trouviez quelqu'un, joüeriez-vous du poi-
LUCRECE.      (gnard ?
Je ne vous entens point.
LE MARQUIS. Vous avez lû l'Hiſtoire,
Coquine, vous riez.
OLYMPE.   Qui l'eût jamais pû croire?
LE MARQUIS à _Olympe._
Mais vous ne riez point, vous?
OLYMPE.      Moy rire? & de quoy?
LE MARQUIS.
De la voir rire. Elle eſt graſſette.
OLYMPE.      Laiſſez-moy.
LE MARQUIS.
Je veux…      OLYMPE.
Ne veüillez rien.
LE MARQUIS.      Ah, petite doduë,
Pour un peu d'embonpoint vous faites l'entenduë !
S'il ne faut pour cela que faire voir du gras,
Je m'en vay vous montrer…
LUCRECE.   Ah, ne nous montrez pas.
Mon Dieu, le vilain homme!
OLYMPE.      Où peut être Mon Pere?
Il le faut appeller.   LE MARQUIS.
Nous n'en avons que faire,
Ces bouquins du vieux temps ne ſont propres à
OLYMPE.      (rien.
Vous le traitez ſi mal…

LE MARQUIS.
Je le traite affez bien.
Si le nom de bouquin eft un nom qui le choque,
D'où vient qu'il vieilliffoit ? c'eft pour luy, je m'en
LUCRECE.                    ( moque.
Mais quand vous vieillirez....
LE MARQUIS.
Pourquoi vieillir ? les ans
Ne font faits proprement que pour les fotes gens.
Qu'on ait l'air tel que moy, galant, fin, le vifage
Soûtenu d'un brillant.... c'eft toûjours le bel âge.
Voyez-moy bien, je fuis des propres s'il en eft.
Mon habit vous plaift-il ?
OLYMPE.    Rien de vous ne me plaift,
LE MARQUIS.
Rien de moy ne vous plaift ? la laide, la mauvaife !
LUCRECE.
L'injurier !    LE MARQUIS.
Je veux que mon habit luy plaife,
Il eft bien entendu, chamarré haut & bas,
Fort riche en point, pourquoy ne luy plaira-t'il pas ?
OLYMPE.
Qu'il me donne la main ?
LE MARQUIS.    Vous étant à mon frere,
J'étois fort réfolu de n'en vouloir rien faire,
Mais puis que vous fçavez fi peu me ménager,
Je vous épouferay pour vous faire enrager.
OLYMPE.
M'époufer ?    LE MARQUIS.
Dés demain.
LUCRECE.
Oüy, fi...
LE MARQUIS.    Point de replique.
LUCRECE.
Eft-elle...    LE MARQUIS.
Contre vous gardez que je me pique,
Je vous épouferois toutes deux.
LUCRECE.    Bon cela.
LE MARQUIS *à Olympe*.
Oh, oh, ma Reine, donc vous en voulez par là,
J'en vay danfer de joye.
SCE-

# SCENE IX.

### LE MARQUIS, ANSELME, OLYMPE, LUCRECE, CLARICE.

#### LE MARQUIS.

AH, vous voilà, Beau-pere.
Je croy qu'en vôtre temps vous étiez un bon Frere.
Peste, l'heureux Grison ! Qu'il est rablu !

#### ANSELME. Mais vieux,

Et c'est...  LE MARQUIS.
Courrez-vous point quelquefois les bons lieux?
Vous en avez la mine, & tout vieux que vous êtes...

#### ANSELME.

Pareilles questions n'ont jamais été faites.

#### OLYMPE.

Voilà les beaux discours, & les termes choisis
Dont nous régale ici Monsieur vôtre Marquis.

#### ANSELME.

C'est qu'il est gai, ma fille.

LE MARQUIS.  Et gai seul plus que trente.
Je ne vois point ici paroître de suivante.

#### ANSELME.

Ma Fille en avoit une, il l'a falu chasser.
Certains tours trop rusez...

LE MARQUIS.  Je veux la remplacer,
Vous en choisir moi-même une drôle, follette,
C'est contre le chagrin une douce recette ;
Et comme vôtre Fille a l'air trop serieux ;
Ayant où m'égayer, je m'en porterai mieux.

#### ANSELME.

Ma Fille aura toûjours si grand soin de vous plaire..

#### LE MARQUIS.

Est-ce depuis long-temps que vous êtes son Pere ?

#### ANSELME.

Que répondre à cela ? je l'ai toûjours été.

#### LE MARQUIS.

Toûjours ? Quoi même avant vôtre nativité?
Le stupide !  ANSELME.
J'entens depuis qu'elle est au monde.

C 3                    LE

LE MARQUIS.

C'est aussi là-dessus que je veux qu'on réponde.
Quel âge a-t'elle?        ANSELME.
                Elle a...
      OLYMPE.        Quarante ans à peu prés.
                ANSELME.
Elle raille.        LE MARQUIS.
                Pourtant son teint n'est pas trop frais.
Le lait de sa nourrice étoit-il bon?
      LUCRECE.        Courage.
            LE MARQUIS.
Par là l'humeur des gens...
      ANSELME.        N'en ayez point d'ombrage.
            LE MARQUIS.
Et sa Mere, soit dit sans vous des-obliger,
Vous faisoit-elle point quelquefois enrager?
Un Enfant tient de tout. Elle n'est pas la seule...
            OLYMPE à *Anselme.*
De la Mere il ira jusqu'à la Bisayeule,
Et si vous l'écoutez, vous courez grand hazard...
      LE MARQUIS à *Olympe.*
De quoy vous mêlez-vous?
      OLYMPE.        Je dois y prendre part,
Et ne pas endurer...
      LE MARQUIS.        Vous devriez vous taire,
Voyez, elle fera la leçon à son Pere.
Eh, qu'on me la... Suffit, j'y veux mettre la main,
Concluons pour la Noce.
      ANSELME.        Il est juste.
      LE MARQUIS.        A demain.
            ANSELME.
La Comtesse d'Orgueil qu'on attend à toute heure
Réglera...        LE MARQUIS.
        J'ai réglé, l'un rit quand l'autre pleure,
Si vôtre Fille est sotte, à son Dam'.
      OLYMPE à *Anselme.*        Jusqu'ici
L'heur de vous plaire a fait mon unique souci,
Mais si vous m'ordonniez d'accepter...
            ANSELME.        J'ai de l'âge,
Taisez-vous.        LE MARQUIS.
        Bon, voilà parler en homme sage.

                        OLYM-

OLYMPE.
Plûtôt que me réfoudre...
    LE MARQUIS à *Anselme*.
                    A croire fon dépit
J'aurois dix mille écus portez par le dédit,
Mais comme il ne faut pas que d'un honnête Pere...
De quoi diable vous être avifé de la faire?
            ANSELME.
C'eft un fruit de l'Hymen.
        LE MARQUIS.        Je vous en déferai,
Elle a la tête creufe, & j'y remédierai.
Ah, tu m'épouferas, guenonne.
    OLYMPE à *Anselme*.        Si ma vie
Vous eft...        ANSELME.
            Encore un coup, taifez-vous,
    LE MARQUIS à *Olympe*.        Je vous prie,
Finirez-vous bien-tôt vos lamentables tons?
            LUCRECE.
Mais, mon Oncle, fouffrez...
        LE MARQUIS.
                Voici l'autre. Sortons,
Beau-pere, mon carroffe eft là-bas, & je penfe
Qu'on peut, tout en roulant, fe donner audience.
            ANSELME.
Il vaut mieux qu'ici feul...
        LE MARQUIS.
                Vous viendrez avec moi.
            ANSELME.
J'aurois foin de calmer.
        LE MARQUIS.
                Vous y viendrez, ma foy.
Je ne m'étonne pas fi la Fille eft têtuë.
Marchez.        ANSELME.
        Ah!
        LE MARQUIS *le pouffant*.
    Marchez donc; là, quel pas de Tortuë!
            ANSELME.
Sortiray-je avant vous?
        LE MARQUIS.
                Ouy: le maudit Vieillard!
Qu'il aime à contefter! Les Belles, Dieu vous gard.
                            SCE-
        C 4

## SCENE X.

### OLYMPE, LUCRECE, VIRGINE.

**OLYMPE.**

A-T'on jamais parlé de pareille folie?

**LUCRECE.**

C'eſt encor pis cent fois que ce qu'on en publie,

**OLYMPE.**

Pour ſe l'imaginer je le donne au plus fin.

**VIRGINE.**

Le bon homme eſt ſorti, je puis paroître enfin.

**OLYMPE.**

Ah, Virgine.        **VIRGINE.**

Ma foi, j'en ſuis toute interdite.

**LUCRECE.**

Mais tu nous le vantois, où donc eſt ce mérite?
Comment avois-tu pû lui trouver de l'eſprit?

**VIRGINE.**

Les Foux ſemblent-ils foux quand on leur aplaudit?
J'avois bien hier connu m'acquitant du meſſage,
Que ſon humeur étoit portée au badinage,
Mais devois-je le croire auſſi bleſſé qu'il eſt?

**LUCRECE.**

Couſine, cependant le Chevalier te plaît?

**OLYMPE.**

Je l'avouë.        **LUCRECE.**

Et c'eſt toi dont le mépris trop rude
Donne tant de matiére à ſon inquiétude?

**OLYMPE.**

J'euſſe eu peine à lui croire un eſprit auſſi doux.

**VIRGINE.**

Carlin m'avoit appris qu'il ſoûpiroit pour vous,
Mais outre qu'il avoit ordre de n'en rien dire,
Sçachant ſon peu de bien je n'en faiſois que rire.

**OLYMPE.**

L'eſprit répare tout, il m'aime, c'eſt aſſez.

**LUCRECE** à *Olympe*.

Attendant que ſes vœux puiſſent être exaucez,
Tu peux lui faire dire en ſecret qu'il eſpére,

Mais

Mais les dix mille écus arrêteront ton Pere,
Il faudra qu'il les paye en trompant le Marquis.
OLYMPE.
Ah, pour m'en dégager vingt mille au lieu de dix.
Moi l'époufer ?        LUCRECE.
Encor si nous avions Oronte,
Qu'il pût…        VIRGINE.
Il n'eſt donc plus à Paris à ce conte?
LUCRECE.
Non, il vient de partir.
VIRGINE.        Attendant son retour,
Il me tombe en l'eſprit un aſſez plaifant tour,
Je coûrs chercher Carlin.
OLYMPE.        Fais agir ton adreſſe.
VIRGINE.
Ma frayeur eſt de voir arriver la Comteſſe,
Elle gâteroit tout.        LUCRECE.
Qu'eſt-ce que tu prétens ?
VIRGINE.
Allons, vous le ſçaûrez quand il en ſera témps.

*Fin du troiſiéme Acte.*

---

# ACTE IV.

## SCENE PREMIERE.

### LUCRECE, LE CHEVALIER, LYSE.

LUCRECE.

Eſtes-vous ſatisfait ?
LE CHEVALIER.
Quelle aimable ſurpriſe !
Quoi, Madame, à l'eſpoir Olympe m'autoriſe ?
Mes vœux ſont préférez à ceux de mon Rival ?
LUCRECE.
L'erreur du rendez-vous a cauſé tout le mal,
Et la fourbe éclaircie, il ne faut plus vous taire
Qu'autre que vous jamais n'aura droit de lui plaire.
Le reſpect que pour elle a gardé vôtre amour
Méritoit la douceur d'un ſi charmant retour.

        Tan-

Tandis qu'à d'autres soins ce changement l'appelle,
J'ay voulu vous donner cette heureuse nouvelle,
Et vous mander icy pour prendre vôtre avis
Sur le tour qu'on s'apprête à joüer au Marquis.
Lyse de ce logis rend Virgine Maîtresse.

### LYSE.

Vous sçavez que j'attens Madame, la Comtesse,
Il faut de l'arrivée essuyer le hazard.

### LUCRECE.

Mais quand elle viendroit ce ne seroit que tard.

### LYSE.

En tout cas on n'a point à craindre de surprise,
La porte de derriére icy nous favorise :
Vous n'auriez qu'à sortir.

### LUCRECE.        J'avois à t'assurer

Que d'Olympe & de moy tu peux tout espérer,
Et que son premier soin sera de reconnoître
Le zéle Officieux que tu luy fais paroître.
Voilà ce qui sur tout m'a fait venir icy.

### LYSE.

Je voudrois que déja la chose eût réüssi
Le bon est que dés hier, par un pur badinage.
Carlin à son Marquis me fit faire message,
Ainsi tout ira bien.

### LE CHEVALIER.

                Mais par où me flater
Qu'Anselme à son défaut daignera m'écouter !
Les grands biens de mon Frere auront touché son

### LUCRECE.                ( ame.

Ce n'est pas ce qui doit allarmer vôtre flame,
N'ayez point là-dessus l'esprit inquiété,
Tout Gendre luy plaira s'il est de qualité,
Et l'estime d'ailleurs qu'il a pour vous conçûë,
Dé nos prétentions facilite l'issuë.
L'obstacle le plus fort vient des dix mille écus,
Il est grand, mais enfin nous ne le craindrons plus,
Si Virgine pour vous poussant le stratagême,
Peut forcer le Marquis à rompre de luy-même.
C'est de quoy divertir Oronte à son retour.

### LE CHEVALIER.

Vous aurez cette joye avant la fin du jour.

LUCRECE.
Il ne part point?     LE CHEVALIER.
           Chez vous vous le verrez se rendre,
Les ordres sont changez, on vient de me l'appren-
             LYSE.                    (dre.
N'importe, il sera bon que la piéce ait effet
Avant qu'il sçache rien de ce qu'on aura fait.
Je craindrois son scrupule & sa délicatesse
A voir qu'on se servît du nom de la Comtesse.
Ainsi jusqu'au succés cachez-luy ce dessein.
          LE CHEVALIER.
Mais pour joüer ce rôle....
          LUCRECE.
                Il est en bonne main.
Virgine a de l'esprit? croyez-moy. Que fait-elle?
Virgine.

---

# SCENE II.

## LUCRECE, LE CHEVALIER, VIRGINE, LYSE.

### VIRGINE.

L'On y va. Voyez si je suis belle.
Ay-je perdu mon temps?
       LUCRECE.       Tu m'ébloüis les yeux.
Quel éclat!          VIRGINE.
          Je feray la Comtesse des mieux.
          LUCRECE.
Je crains ta folle humeur, garde-toy bien de rire,
Tu sçais....        VIRGINE.
        J'ay vû le loup, Madame, c'est tout dire,
De l'air dont je soûtiens certains tendres soûris
Je broüillerois le tymbre aux plus sages Marquis.
Jugez de celuy-cy, sa conquête m'est düe.
          LUCRECE.
Mais s'il te reconnoît. J'oubliois qu'il t'a vûe.
          VIRGINE.
Il est vray qu'avec luy j'eus hier quelque entretien;
Mais se voit-on de nuit? n'en appréhendez rien.
Qu'au besoin seulement ma Suivante m'observe.
          C 6            LY-

LYSE.

Dame. VIRGINE.
Je payeray bien, mais j'entens qu'on me serve.
LYSE.
Va, je sçay les respects dûs à ta qualité.
VIRGINE.
Souviens-toy du message entre nous concerté.
LYSE à Virgine.
Autre embarras, qui peut mettre à bout ton adresse.
Depuis hier qu'au Marquis je nommay la Comtesse,
Sur ce qu'il croit pour luy qu'elle brûle en secret,
S'il s'en étoit fait faire à peu prés le portrait ?
Adieu ton étalage en prétendu mérite.
Elle est grande, fort blonde, & toy brune & petite,
Quoy qu'elle ait l'air galant, tu l'as plus dégagé.
VIRGINE.
C'est à quoy je répons qu'il n'aura pas songé.
Voicy Carlin.

---

# SCENE III.
## LUCRECE, LE CHEVALIER, VIRGINE, LYSE, CARLIN.

LE CHEVALIER.
ET bien ?
CARLIN au Chevalier.
Monsieur, quittez la place.
Le Marquis, d'un ruban corrige la grimace.
Il est sur l'escalier où ce soin le retient.
LUCRECE au Chevalier.
Allons trouver Olympe. Adieu, prens garde...
CARLIN. Il vient,
Dépêchez. VIRGINE.
Là-dedans j'attendray le message,
A sortir gravement mon nouveau rang m'engage,
Virgine rentre. CARLIN.
C'est l'entendre. LYSE à Carlin.
Il croit donc que par excés d'amour
Pour lui seul la Comtesse est ici de retour ?

CAR-

### CARLIN.

S'il le croit ? a-t'on vû jamais de ridicule
Qui n'eût entr'autres dons celui d'être crédule ?
Pour le voir, il croira, si tu veux, qu'à grands frais
La Reine de Congo vient ici tout exprés.
Voi dans ces nœuds touffus quel amas de mérite.

---

# SCENE IV.

## LE MARQUIS, LYSE, CARLIN.

### LE MARQUIS à *Lyse*.          ( quite.

QU'en dis-tu ? Suis-je exact ? j'ai promis, je m'ac-
La Comtesse ?          LYSE.

Je vai l'avenir de ce pas.
Qu'elle en aura de joye !

### LE MARQUIS.

Ah, je n'en doute pas.
J'ai quité sans mot dire un Trio de Marquises
Pour venir...   Mais encore à diverses reprises,
Car j'ai, de ruë en ruë, été forcé de voir
Vingt carrosses à qui j'ai donné le bon soir.
Pour m'avoir, à l'envi chacun faisoit instance.

### LYSE.

Vous en serez payé largement.

### LE MARQUIS.          Je le pense.

---

# SCENE V.

## LE MARQUIS, CARLIN.

### LE MARQUIS.

CEtte maison est belle.

### CARLIN.          Et le meuble ?

### LE MARQUIS.          Encor plus.

### CARLIN.

La Comtesse a pris soin d'amasser des écus.
Il la faut mitonner.

### LE MARQUIS.

Grace à ma destinée,
Je la tiens déja prise, & toute mitonnée.

El.

Elle m'a vû, suffit.

CARLIN.          Faites bien le transy.
Les Veuves d'ordinaire aiment le radoucy,
C'est par là qu'on les prend.

LE MARQUIS.
                    Pour peu qu'elle m'entende,
A moins que d'être bête il faut qu'elle se rer.de.

CARLIN.                    (prompts.
Bête ? Et quoy son esprit fait la nique aux plus
Il est toûjours en l'air, & ne va que par bonds.
Vous en serez charmé.

LE MARQUIS.
                    S'il a ces avantages,
Nous pourrons elle & moi faire de grands voyages.
Je vay quand je le veux.

CARLIN.          La voicy.

LE MARQUIS.          L'air m'en plait.

---

# SCENE VI.
## LE MARQUIS, VIRGINE,
## LYSE, CARLIN.
### VIRGINE.

R Entrez Page.

          LE MARQUIS à Carlin.
               Du reste il faut voir ce que c'est.

          VIRGINE.
Qu'aujourd'huy mon étoile est heureuse !

LE MARQUIS.          Madame,
Je m'étois fait de vous un portait. sur mon ame
C'étoit si bien vôtre air qu'à la parole prés.
Mon imaginative avoit pris tous vos traits.
Un agrément de taille, & certain caractére.
Dieu me damne, je croy que vous me pourrez plaire.
Il entre en vôtre corps petit, mais bien troussé,
Je ne sçay quoy de grand dont je me sens blessé,
Et vos yeux ont sur tout la physionomie.

VIRGINE.
Leur clarté doit pourtant être bien endormie.
Les veilles, la fatigue.

                                        LE

LE MARQUIS.
                    Ah, je suis enchanté.
Que des yeux, la fatigue endorme la clarté.
Voylà ce qui s'appelle un tour beau, grand, facile.
                    VIRGINE.
L'enfleure de l'esprit paroît dans le haut stile.
           LE MARQUIS à *Carlin.*
L'enfleure!            VIRGINE.
           Qu'avec vous je serois de profit!
                    LE MARQUIS.
Ah!                 VIRGINE.
     Vous ne dites rien qui ne soit si bien dit. . . .
              LE MARQUIS.                 (dre,
Qu'on me donne deux mois, & je vay vous appren-
Ce qu'un autre en dix ans ne feroit pas comprendre.
Mais quand vous le sçauriez autant de bien perdu,
On parle à des lourdauts, il faut être entendu.
Dites un mot nerveux, vous trouverez des ânes. . .
              VIRGINE.
Il est, je l'avoûray, peu d'esprits diaphanes,
De ces esprits, à jour bien ouverts.
           LE MARQUIS.           C'est pitié!
Aussi pour la plûpart j'en rabats de moitié.
J'y trouve une épaisseur. . .      VIRGINE.
              Que vous êtes à plaindre!
        LE MARQUIS.              (dre.
Si je le suis! bien plus qu'on ne croit, sans rien fein-
De cent Belles à qui je parois en conter,
Je ne sçache que vous digne de m'écouter.
Au lieu qu'en m'admirant les gens d'esprit s'écrient,
Je ne trouve par tout que des sottes qui rient,
Point de raisonnement.
              VIRGINE.
              Pourquoy les voyez-vous?
           LE MARQUIS.
Qui donc voir? il faut bien hurler avec les loups.
On me cherche, on me court, je suis bon, comment
              VIRGINE.              (faire?
Vous souffrez bien, je pense, à force de trop plaire.
           LE MARQUIS.
Si je voulois tenir papier de tous les cœurs. . .
                              VIR-

VIRGINE.
Qu'on vous fait chaque jour paroître de langueurs !
Que d'amoureux transports qui s'échapent !
LE MARQUIS.                    Je meure,
Je suis sourd des soûpirs que j'entens à toute heure.

VIRGINE.
Il en est qui pour vous auroient pû s'enhardir,
Mais puis que l'on connoît que c'est vous assourdir.
LE MARQUIS.
M'assourdir ?  non pas vous.
VIRGINE.          Ah !
LE MARQUIS.
                         Ma belle Comtesse.
Soûpirez à vôtre aise,  & que rien ne vous presse.
Diable,  vous n'êtes pas à mettre à tous les jours.
Carlin,  son mal en moi prend déja même me cours.
Mon cœur palpite.          CARLIN.
                         Ailleurs où trouver qui la vaille?
VIRGINE.
A dissiper mon trouble en vain mon cœur travaille.
L'assaut que sa langueur me livre à l'impourvû. . . .
Ah, Monsieur le Marquis, pourquoi vous ai-je vû?
LE MARQUIS.
Ne vous repentez point,  Comtesse de mon ame,
Si vous êtes en feu,  je me sens tout en flame,
Et pour prix des soûpirs que j'ai sçû vous tirer,
Ecoutez,  je commence à contre-soûpirer.
Ah !          VIRGINE.
Monsieur le Marquis, voulez-vous que je meûre?
LE MARQUIS.                    ( l'heure,
Non,  pourquoi tant souffrir ?  guérissez-vous sur
Et sans mettre avec moi cent soûpirs bout à bout,
Rognez,  taillez,  coupez,  me voilà prêt à tout.
VIRGINE.
La comtesse d'Orgueil seroit assez heureuse
Pour mériter le choix. . .      LE MARQUIS.
                         Oui,  ma belle Orgueilleuse,
Mon cœur de tous les cœurs l'inévitable écueil,
Ne veut s'enorgueillir qu'auprés de vôtre Orgueil.
VIRGINE.
Je pourrois vous avoir tout à moi,  sans partage?
LE

LE MARQUIS
Tout.            VIRGINE.
Il ne faut donc point différer davantage.
L'ordre est donné chez moy de cacher mon retour,
Pour témoin de nôtre heur ne prenons que l'a-
          mour,
L'hymen peut dés demain nous unir l'un à l'autre,
Ordonnez du Contract, tout mon bien est le vôtre.

LE MARQUIS *bas à Carlin.*
Carlin, si je conclus, aprés le mot lâché
Tu diras que de moi je fais trop bon marché ?

CARLIN.
Sans les meubles elle a dix mille écus de rente,
Vous pourriez trouver mieux.

LE MARQUIS.
                    J'en trouverois cinquante.
Mais l'esprit ?         CARIN.
          C'est à vous, Monsieur, à vous sonder.
LE MARQUIS.
Les autres avec moi semblent guoguenarder.
Celle-ci parle juste, est accorte, & sçait vivre.
          *à Virgine.*
Se promettre n'est rien à moins qu'on ne se livre.
Je m'y résous, demain, tout comme il vous plaira,…

VIRGINE.
Mon cher Marquis.

LE MARQUIS *à Carlin.*
          De joye elle se pâmera.
VIRGINE.
Qu'au brillant de mon astre on va porter envie !
LE MARQUIS.
J'en sçai qui créveront.
… VIRGINE.         Que j'en serai ravie !
LE MARQUIS.
Garde aussi le poison, si l'on sçait que mon choix…

VIRGINE *à Lyse qui rentre sur le Théatre*
          *aprés en être sortie un moment.*
Qu'est-ce ?         LYSE.
          Monsieur le Duc pour la dixiéme fois…
VIRGINE.
Qu'il vienne trente encor, je n'y suis pour personne.
                              LY-

LYSE.

On a suivy vôtre ordre.

LE MARQUIS.

Il vous trouve mignonne,

Ce Duc?

VIRGINE.

Malgré l'ardeur de son empressement....

LE MARQUIS.

Vous en voudroit-il point concubinalement?

VIRGINE.

Concubinalement?

LE MARQUIS.

Sans courroux, ma Comtesse.

Vous sçavez que Nature est un peu larronnesse,
Que par tout elle pille, & qu'on voit de nos ans
Plus d'amours concubins qu'il n'en est d'épousans.

VIRGINE.

Le Duc est grand amy de mon frere.

LE MARQUIS.          D'Oronte?

VIRGINE.

Quoy, vous le connoissez?

LE MARQUIS.

Ah!

VIRGINE.          Que j'en ay de honte!

LE MARQUIS.

A certaine Lucréce.....

VIRGINE.          Admirez le beau choix.
Un homme comme luy donner dans le Bourgeois!
Si j'eusse pû de vous me priver davantage.
Il eût eu beau presser la fin de mon voyage,
Son Hymen pour six mois m'eût fait fuïr de Paris.
Cette Lucréce est riche, & c'est ce qui l'a pris.
Est-elle belle?          LE MARQUIS.

Non, c'est un nez... une bouche....
Des yeux...un teint...Enfin elle n'a rien qui touche,
Vous la verrez.          VIRGINE.

Trop tôt, j'en meurs déja de peur,
Car enfin le Bourgeois me fait si mal au cœur...

LE MARQUIS.

Aussi fait-il à moy,          VIRGINE.

Passe encor pour Lucréce,
Son bien répare assez le manque de Noblesse,

Mais

Mais il eſt une Olympe...
     **LE MARQUIS.**     Et bien?
     **VIRGINE.**     Que t'a-t-on dit,
Lyſe?     **LYSE.**
     Dans ſon quartier tout le monde s'en rit.
Un Campagnard fort riche & de bonne famille,
Eſt ſi ſot que d'Anſelme il épouſe la Fille.
Le voilà bien logé.
     **LE MARQUIS.**
     Comment?
     **VIRGINE.**     Elle n'a rien.
     **LE MARQUIS.**
Ne dit-on pas qu'Anſelme....
     **VIRGINE.**     Ouy, qu'il a quelque bien,
Mais il ſe fait honneur de celui de Lucréce,
Il en a la tutelle, & comme avec adreſſe
Des grands deniers qu'il touche il éblouït les yeux,
Une Dupe à trouver...     **LE MARQUIS.**
     On en trouve en tous lieux.
Ne nous vantons de rien, Carlin.
     **CARLIN.**     C'eſt vôtre affaire.
     **VIRGINE.**
Cette Olympe a d'ailleurs la tache de ſa Mere,
Qui tombant du haut mal...
     **LE MARQUIS.**
     Du haut mal? j'en dis fy.
     **LYSE.**
Cependant de ſuperbe elle a le cœur boufy,
Et ſelon qu'on la trouve en ſon humeur verveuſe,
On luy voit quelquefois faire la dédaigneuſe.
     **VIRGINE.**
Je plains la pauvre dupe, il faudroit l'avertir.
Ce Mariage eſt trop...
     **LYSE.**     Comment l'en garantir?
Le dédit eſt ſigné d'une fort grande ſomme.
     **CARLIN** *bas au Marquis.*     ( me.
Monſieur, voilà ce tour, diſiez-vous, d'habile hom-
La Comteſſe demain vous épouſe en ſecret,
Mais les dix mille écus, Anſelme a vôtre fait,
Comment le retirer?     **LE MARQUIS.**
     Il faut pourtant le faire.
     VIR-

*VIRGINE à Lyse.*

Quel bruit faisoit-on là ?

LYSE.          Rentrez, c'est vôtre Frere.

VIRGINE.

Oronte ?          CARLIN.

Adieu la fourbe.

LYSE.          Il monte ; promptement.

LE MARQUIS.

Et quand il la verroit ?          CARLIN.

C'est pour vous seulement

Qu'elle rentre à Paris, voulez-vous qu'il le sçache?

LYSE *au Marquis.*

Suivez vite.

LE MARQUIS.

Il faut donc aussi que je me cache ?

LYSE.

Entrez.          LE MARQUIS.

Il n'est plus temps, il m'a vû, le voici.

---

# SCENE VII.

## ORONTE, LE MARQUIS, LYSE, CARLIN.

### ORONTE.

AH, Monsieur le Marquis, que faites vous ici?

LE MARQUIS.

Je venois m'informer si la belle Comtesse....

ORONTE.

Ainsi pour son retour même desir nous presse.
Lyse, aucun de ses Gens n'est-il encor venu ?

LYSE.

Non, Monsieur.          ORONTE.

Un Portier qui ne m'est pas connu
M'a fait façon là-bas quand je t'ai demandée.

LYSE.

Du Duc, & de ses Gens je me trouve obsédée,
Il vient ici sans cesse, & pour m'en garantir
Je fais dire souvent que je viens de sortir.

LE MARQUIS.

Ce Duc n'a pas le goût dépravé ; la Comtesse

Fait

Fait bien enrager ceux qui n'aiment pas la presse.
C'est un œil attirant....

ORONTE.

Le Duc luy fait honneur.

LE MARQUIS.

Luy fait honneur? là là.          LYSE à *Oronte*.

Quel est ce bon Seigneur?

Des contes qu'il me fait je suis toute surprise.

ORONTE.

C'est un fou toûjours prêt à dire une sottise.

LE MARQUIS.

La Comtesse par tout emportera le prix.
Dans sa petite taille elle a l'air si bien pris.

ORONTE.

Petite?          LYSE à *Carlin*.

Il va tout perdre.          ORONTE.

En est-il de plus grandes?

LE MARQUIS.

Où diable a-t-il les yeux? il en est? & par bandes.

ORONTE.

Pour vous, étant Geante, elle auroit plus d'appas.

LE MARQUIS.

Geante!          ORONTE à *Lyse*.

Il parle d'elle, & ne la connnoît pas,

LE MARQUIS.

Je ne la connois pas dites-vous? par exemple,
Elle a les cheveux bruns, le nez court, le front am-
ple,
Les sourcils bien taillez, l'air fripon, l'œil perçant,
Le teint des plus unis; le regard languissant,
La gorge...          ORONTE.

Ce portrait est le plus beau du monde,
Mais si je vous disois que la Comtesse est blonde?

LE MARQUIS.

Et si je vous disois que j'ay l'œil de travers,
Le visage de singe, & la mine à l'envers,
L'équipage & l'habit d'un pauvre Gentilhomme,
Vous ne me croiriez pas, mon trés-cher? c'est tout
comme.

LYSE à *Oronte*.

Voulez-vous disputer contre un fou?

ORON.

ORONTE.                    Je le voy,
Ma sœur vous est du moins connuë autant qu'à
LE MARQUIS.                    [moy.
Sçay-je peindre?        ORONTE.
                On n'en peut conserver mieux l'idée,
Mais où l'avez-vous vûë?
        LE MARQUIS.
                        Où je l'ay regardée.
        ORONTE.
Encor, quelle rencontre...
        LE MARQUIS.
                        Il n'importe comment.
Ces Freres curieux parlent si lentement.
Laissez-moy mes secrets, je vous laisse les vôtres.
                ORONTE.
J'admire....        LE MARQUIS.
        Admirez donc, vous en verrez bien d'autres.

---

# SCENE VIII.

## ANSELME, ORONTE, LE MARQUIS, LYSE, CARLIN.

                ANSELME.
La compagnie est belle.
                ORONTE.
                        Ah, Monsieur.
        LE MARQUIS *à Carlin.*
                                Où va-t'il?
Ce diable de Beau-pere a l'odorat subtil?
Il nous sent de bien loin.
        ANSELME.                En passant par la ruë,
Le hazard sur vos gens m'a fait jetter la vûë,
Et c'est d'eux que j'ay sçû que vous étiez icy.
                ORONTE.
J'ay reçû nouvel ordre.
                ANSELME.
                        Ils me l'ont dit aussi.
Et puisque vous restez, l'affaire qui nous presse
Est de voir arriver Madame la Comtesse.
Qu'en avez vous appris?
                                ORON-

ORONTE.          Lyſe l'attend toûjours,
Mais à certaine amie elle écrit tous les jours,
Et pour m'en informer j'allois paſſer chez elle.
A N S E L M E.
Tandis que vous irez, ſur quelque bagatelle
Pourrions-nous ſans témoins parler mon Gendre
Je le trouve à propos.              ( & moi?
O R O N T E.
Lyſe, retire toy.
Vous pouvez tout icy.
L E   M A R Q U I S  *à Carlin.*
Le Beau-pere démeure.
L Y S E  *au Marquis.*
Monſieur,  défaites-nous du Vieillard.
L E   M A R Q U I S.
Tout à l'heure.
Carlin, s'il va parler?

---

# S C E N E  I X.

## ANSELME , LE MARQUIS , CARLIN.

A N S E L M E.
Comme on ne peut trop tôt
Appaiſer les debats qui.....
L E   M A R Q U I S.
Le reſte à tantôt.
Serviteur.          A N S E L M E.
Quatre mots.
L E   M A R Q U I S.
En maiſon étrangére,
N'en eût-on qu'un à dire,  il eſt bon de ſe taire.
A N S E L M E.
Puis qu'on ſçait que pour vous ma Fille...
L E   M A R Q U I S.
On ne ſçait rien,
Décampez.          A N S E L M E.
A quoi bon me pouſſer?
L E   M A R Q U I S
Je fais bien,
A quoi bon m'étourdir, vous?
AN-.

ANSELME.
                    L'avis est utile.
LE MARQUIS.
Je ne veux point d'avis.
ANSELME.
Ecoutez.
LE MARQUIS.
                    L'imbécille?
Faire écouter les Gens.
ANSELME.
                    N'entrez point en courroux
Si vous sçaviez...
LE MARQUIS.
            Tantôt j'iray sçavoir chez vous,
Ne vous suffit-il pas?
ANSELME.
                    Peut-être...
LE MARQUIS.
                    Allez m'attendre.
ANSELME.
Vous étant de vous-même offert à moy pour Gen-
dre...
LE MARQUIS.
Tu ne te tairas point, vieux loup-garou?
ANSELME.
                    Pourquoy?
Vous ne vous moquerez d'Olympe ny de moy,
Je ne suis que Bourgeois, mais...
LE MARQUIS.
                    Qui te le conteste?
ANSELME.
Chacun vaut ce qu'il vaut, je ne dis pas le reste.
Adieu.
CARLIN au Marquis.
Qu'il est mutin?
LE MARQUIS.
            Le traître m'a perdu.
CARLIN.
Je croy que la Comtesse aura tout entendu.
LE MARQUIS
J'enrage.

                              CAR-

**CARLIN.**
La voici qui sort toute éplorée.

---

# SCENE X.

## LE MARQUIS, VIRGINE, LYSE, CARLIN.

**VIRGINE.**
Ah, Monsieur le Marquis, je suis desespérée.

**LE MARQUIS.**
Ma Reine, un peu de cœur.

**VIRGINE.**
Non, laissez-moy mourir.

**LE MARQUIS.**
Ne vous pressez point tant, j'ai dequoy vous guérir.

**VIRGINE.**
Vous?

**LE MARQUIS.**
Moy.

**VIRGINE.**
De ce Vieillard n'êtes vous pas le Gendre?
Olympe... Ah nom fatal, que me viens-tu d'apprendre?
C'étoit donc vous...

**LE MARQUIS.**
En vain je l'ay dissimulé,
Je suis le Campagnard dont on vous a parlé,
Et pourtant pas trop dupe.

**VIRGINE.**
Olympe a sçû vous plaire.
Ah!

**LE MARQUIS.**
Je n'ay fait le sot que pour berner mon Frere.
Certain Cadet qu'au monde on voit mince & leger,
Et qui pour mes péchez n'en veut point déloger,
Charmé de cette Olympe il croit qu'à ma requeste,
On tiendroit sa recherche un party fort honneste,

D

Mais

Mais comme, à le bien prendre, il n'eft bon qu'à
    noyèr,
Au diable fi pour luy je voulus m'employer,
Loin de cela, craignant qu'il n'obtint ce qu'il aime,
Je courus m'aſſurer du party pour moy-même.

VIRGINE.

C'eſt-là mon defeſpoir, qu'une Bourgeoiſe...

LE MARQUIS.

Non.

En m'offrant au Vieillard parlois-je tout de bon.

VIRGINE.

Mais le dédit figné...

LE MARQUIS.

Quitte à l'aller reprendre,

Deux mots, & trop heureux encor de me le rendre.

VIRGINE.

Vous iriez chez Olympe ? ah ne me quittez pas,
Si l'ardeur de ma flame a pour vous quelque appas,
Pour ne troubler en rien l'heur de ma deſtinée,
Avant que voir perſonne achevons l'hymenée,
Aprés, s'il faut payer le dédit, j'ay du bien.

LYSE.

A quoi qu'il puiſſe aller, pour tous deux ce n'eſt rien,
Mais, Madame, en payant voulez-vous que l'on diſe
Qu'un Marquis d'un Bourgeois ſoit la dupe.

VIRGINE.

Ruby, Lyſe,

Tu veux donc haſarder...

LE MARQUIS.

Que haſarderez-vous ?

VIRGINE.

L'amour n'eſt guére fort quand il n'eſt point jaloux,
Olympe vous voyant eſſayera de vous plaire.

LE MARQUIS.

Je ſçay ſa taché, il faut y rembarquer mon Frere.
Ma foy, je riray bien ſi pour don nuptial
Je le voy régalé d'un broüet de haut mal.

VIRGINE.

Mais ne peut-elle pas vous paroître ſi belle...

LE MARQUIS.

Rien n'eſt plus laid.

VIR-

VIRGINE.

Enfin vous me serez fidéle?

LE MARQUIS.

Le dédit rendu nul, je suis à vous ce soir,
Touchez, foy de Marquis.

VIRGINE.

Je vis sur cet espoir,
Mais si vous me trompez...

LE MARQUIS.

Vous tromper! je n'ay garde,

VIRGINE.

Craignez-tout, il n'est rien où je ne me hazarde,
Eclat, emportement, fer, poison.

LE MARQUIS.

J'auray soin
En pressant mon retour qu'il n'en soit pas besoin.
Adieu, mon Astre, adieu.

*Le Marquis sort.*

VIRGINE,

Tout va le mieux du monde.

LYSE.

Auprés de ton Vieillard, pourvû qu'on te seconde
Les vœux du Chevalier pourront avoir effet.

VIRGINE.

Viens sçavoir avec moy ce qu'Olympe aura fait.

*Fin du quatriéme Acte.*

# ACTE V.

# SCENE PREMIERE.

## OLYMPE, VIRGINE.

VIRGINE.

DEmeurez-en d'accord, Madame, quand on ai-
me
On trouve grand plaisir à se gêner soy-même.
Des rebuts du Marquis vôtre Pere en courroux

                          Scn.

Semble être encor de luy plus dégoûté que vous,
Et ce qui doit sur tout flater vôtre espérance,
Avec le Chevalier il est en conférence.
Cependant on diroit à vos fréquens soûpirs
Que tout se montre icy contraire à vos desirs.

OLYMPE.

Quoy que du Chevalier les vœux puissent me plai-
re,
Par où te répons-tu qu'ils plairont à mon Pere?
Que sur luy son mérite aura même pouvoir?

VIRGINE.

S'il ne l'agréoit pas, l'auroit-il voulu voir?

OLYMPE.

Je ne vay pas si vite en ce qui m'intéresse.

VIRGINE.

Ma foy, je me repens d'avoir été Comtesse,
De n'avoir pas laissé la chose au même point,
Vous ne méritez pas…

OLYMPE.

Ne me querelle point.

VIRGINE.

Et le moyen? N'étoit que je vous considére
Pour avoir fait ma paix avecque vôtre Pere,
Vous n'en seriez pas quitte.

OLYMPE.

Au moins tu m'avoûras
Que de pareils soûcis causent de l'embarras.
Le bien pour les Vieillards est une douce amorce,
A consentir à tout c'est par là qu'on les force,
Le Chevalier en manque.

VIRGINE.

Et celuy du Marquis?
A ce Frere déja je le tiens tout acquis,
Impérieux, fantasque, & plein d'extravagance
Qui voudroit l'épouser? Ce seroit conscience,
Et j'en détournerois…. S'il me vouloit pourtant
Je prendrois le party d'un cœur assez content,
Et ferois ce me semble, avecque plus d'adrésse,
La Marquise à bon jeu, que la fausse Comtesse,
Lors à bon chat, bon rat; s'il vouloit être sot,
Peut-on pas contenter les gens sans dire mot.

OLYM-

OLYMPE.
Tu seras toûjours folle.

---

# SCENE II.

## OLYMPE, VIRGINE, CARLIN.

### VIRGINE.

Et bien, quelle nouvelle,
Le Marquis ?

### CARLIN.

Ton air fin luy broüille la cervelle,
Du grand don d'être beau tout entêté qu'il est,
Il voit rire toûjours quand on luy dit qu'il plaist.
Ton ſérieux le charme, & ce ſoir il ſe conte
D'aller, en t'épouſant, gagner le nom de Comte.
Son fait à retirer le met ſeul en ſoucy.

### OLYMPE.

Doit-il venir bien-tôt ?

### CARLIN.

Je le croyois icy.
Il aura ſur ſes pas trouvé quelque Marquiſe.

### OLYMPE.

Mais par le Chevalier s'il voit la place priſe,
N'aura-t'il point d'ombrage ?

### CARLIN.

Il n'en eſt plus jaloux,
Et cela, gracé au bien que l'on a dit de vous.
Madame la Comteſſe, outre la gueuſerie,
Vous a donné d'un plat de ſa matoiſerie,
Si vous ne le ſçavez, vous tombez du haut mal.

### OLYMPE.

A ſe rendre crédule il n'a point ſon égal.

### CARLIN.

Ces prétendus défauts peuvent tant ſur ſon ame,
Qu'avec joye à ſon Frere il vous céde pour Femme.

### VIRGINE.

Mais dégagé d'icy, quand il voudra ce ſoir
Aller chez la Comteſſe eſſayer ſon pouvoir,

             Et

Et qu'au lieu d'y trouver un accueil amiable
On luy dira, néant?

CARLIN.

Ce sera bien le diable.

VIRGINE.

Tu l'iras consoler.

CARLIN.

Peste, il y feroit chaud,
Il n'est pas toutefois plus méchant qu'il ne faut,
J'en viendray bien à bout, & pourvû que Virgine...

OLYMPE.

Tu prétens l'épouser, & je te la destine.
Jamais en me servant on ne perd avec moy.

CARLIN à Virgine.

Ah! ma chére Comtesse!

---

# SCENE III.

## OLYMPE, LUCRECE, VIRGINE, CARLIN.

LUCRECE à Olympe.

Enfin, réjoüis-toy,
Cousine, dans tes vœux tu n'as rien de contraire,
L'esprit du Chevalier plaît si fort à ton Pere,
Que pour l'avoir pour Gendre, au hazard du dédit,
S'il faloit éclater, il n'est rien qu'il ne fit.
Ainsi des deux côtez la parole est donnée,
Et c'est de ton aveu que dépend l'hymenée,
On t'attend pour céla.

VIRGINE à Olympe.

Courez donc promptement.

LUCRECE.

J'ay déja répondu de ton consentement,
Mais enfin pour la forme il est bon qu'on te voye,
Viens.

VIRGINE à Olympe.

Vous craignez, je croy, d'en montrer de la joye,
C'est bien fait, vôtre honneur par-là seroit noircy.

OLYM-

**OLYMPE.**

Tu ne changeras point.

**VIRGINE.**

Je vous attens icy,
Allez, sur le grand ouy faites bien la grimace.

---

## SCENE IV.

### CARLIN, VIRGINE.

**CARLIN.**

Tu n'oses donc encor...

**VIRGINE.**

Je suis rémise en grace,
Et sans plus de façon, je me montre au Vieillard,
Mais je crains le Marquis.

**CARLIN.**

C'est une affaire à part.

**VIRGINE.**

S'il m'avoit icy vûë en habit de Suivante,
Comme la fourbe alors deviendroit apparente,
Piqué de cet affront, dans son secret dépit,
Penses-tu qu'il voulût renoncer au dédit?

**CARLIN.**

Il tiendroit bon sans doute, & feroit de la peine,

**VIRGINE.**

Cependant n'ai-je pas de quoy faire la vaine?
Mon rôle de tantôt ne se peut mieux joüer,
Me suis-je démentie?

**CARLIN.**

Il le faut avoüer,
Tes charmes rehaussez m'ont fort chatoüillé l'ame,
Mais avec ton talent de faire la grand'Dame,
Quand tu seras à moy, ne va pas t'aviser
De devenir Comtesse, ou de t'emmarquiser.
Il est, sans chercher loin, certains Marquis &
Comtes,
Qui sur la gaye intrigue ont les démarches promp-
tes,
Et je n'aimerois pas que s'adressant à toy,
Ma Race de par eux fût plus noble que moy.

 VIR-

VIRGINE.
Le beau raisonnement !
CARLIN.
Quand on craint la disgrace,
Il fait bon....
VIRGINE.
Va là-bas sçavoir ce qui se passe,
Et lors que tu verras le Marquis arriver....
Mais.... .

---

## CENE V.
### LE MARQUIS, VIRGINE,
### CARLIN.

LE MARQUIS *à un Domestique d'Anselme.*
Cours dire au vieillard qu'il me vienne
trouver,
Que je prétens icy m'expliquer tête à tête.
VIRGINE *à Carlin.*
C'est luy, tout est perdu, Dieux !
GARLIN.
Ne fay pas la bête!
Il se faut comme on peut tirer d'un mauvais pas.
LE MARQUIS.
Me trompai-je, Carlin?
VIRGINE.
Ne me découvrez pas,
Marquis.
LE MARQUIS.
C'est là Comtesse. Ah, ma chére.
CARLIN *à Virgine.*
Courage.
LE MARQUIS.
Vous trouver chez Anselme, & dans cet équipage!
VIRGINE.
Je vous aime, & l'amour cause bien du souci.
Carlin, dy-lui pourquoi je me déguise ainsi.
CARLIN.
Monsieur, c'est qu'elle à craint qu'Olympe.. Dans
son ame.

Si vous connoissiez bien ce que l'amour...Madame,
Vous direz mieux vous-même à Monsieur le Mar-
    quis....
                VIRGINE.
Ne le juge-t'il pas ? j'aurois fait encor pis
Si pour remédier au mal qui me tourmente
Il n'avoit pas suffy de me faire suivante.
Olympe en cherchoit une, & j'ai sans hésiter
Employé mon adresse à me faire accepter.
Restaut chez moi sans vous, mon amour en alar-
    mes
Eût de vôtre Bourgeoise appréhendé les charmes,
Et pour peu de pitié que son melheur vous fit,
Vous croyant son époux, j'aurois perdu l'esprit.
Ici presente à tout je soûtiendrai peut-être
Les bontez que déja vous m'avez fait paroître,
Voyant ce que je fais vous me préférerez.
                LE MARQUIS.
J'ai de ravissement les sens tout égarez.
Carlin, ai-je le don de charmer les mieux faites ?
Des Comtesses pour moi se changer en soubrettes,
Se résoudre à servir plûtôt que hasarder
Qu'un autre seul à seul puisse me regarder !
Je vaux trop, Dieu me sauve.
                VIRGINE.
                        Ay-je l'heur de vous plaire
Par ce que vous voyez que l'amour m'a fait faire ?
                LE MARQUIS.
Il vous a fait choisir un emploi des plus bas,
Mais enfin c'est pour moi, vous ne le perdrez pas.
                VIRGINE.
Pourvû que vous rompiez, & qu'Olympe ait la
    honte...
                LE MARQUIS.
Laissez faire, à present la Bourgeoise a son compte,
Mais pour la faire rire & vous mettre en repos,
Je prétens devant vous lui dire quatre mots,
Elle les entendra.
                VIRGINE.
                        Sur tout sans plus attendre
Déchirons le dédit.
                D 5                        LE

#### LE MARQUIS.

Je sçay par où m'y prendre :
Mais pour m'encourager...

#### VIRGINE.

Ah, point d'emportement.

#### LE MARQUIS.

Ma Comtesse.

#### VIRGINE.

Arrêtez.

#### LE MARQUIS.

Un baiser seulement,
Je vous en tiendray compte, &....

---

# SCENE VI.

## ANSELME, LE MARQUIS, VIRGINE, CARLIN.

#### ANSELME.

La piéce est galante,
Vous fuyez la Maîtresse, & courez la suivante ?

#### LE MARQUIS.

J'en veux par là. Cassé, vieux, & prêt à mourir,
Vous enragez assez de ne pouvoir courir.

#### ANSELME.

Continuez ; le jeu commençoit à vous plaire.

#### VIRGINE à *Anselme.*

Ne croyez pas, Monsieur...

#### ANSELME.

Tay toy.

#### LE MARQUIS.

Pourquoy se taire ?
Je veux qu'elle raisonne, & quand il me plaira
Malgré vous & vos dents elle raisonnera.

#### ANSELME.

Vous prenez son party d'un air....

#### LE MARQUIS.

Je veux le prendre,
Qu'en est-il ?

VIR-

VIRGINE à *Anselme*.
Si Monsieur…

ANSELME.
Encor ? il faut t'entendre.
C'est depuis un moment qu'on t'a reçuë icy,
Et déja… c'est assez, n'en sois point en soucy.
Rentre.

LE MARQUIS.
Pourquoy rentrer ?

ANSELME.
Rentre te dis-je.

LE MARQUIS.                    Ventre.
Gardez de m'échaufer, je ne veux pas qu'elle entre.

ANSELME.
Quoy, toûjours vos je veux ?

LE MARQUIS.
Ma foy, j'en suis d'avis
Qu'un pied plat comme vous glose sur un Marquis.

ANSELME.
Vous l'êtes, & je sçay ce qu'est vôtre famille,
Mais d'où vient ce mépris quand vous aimez ma
    Fille ?
Son hymen avec vous n'est-il pas résolu ?
Vous le vouliez tantôt.

LE MARQUIS.
Je veux l'avoir voulu,
Bon pour lors, à present il me plaît de m'en rire.

ANSELME.
Mais dans ma Fille encor que trouvez vous à dire ?
N'est-elle pas.…

LE MARQUIS.
Elle est tout ce qu'il vous plaira,
Je n'en veux point.

ANSELME.
Demain cette humeur passera.

LE MARQUIS.
Point. Comme il parle doux ?

ANSELME.
L'affaire est donc concluë ?

LE MARQUIS.
Oui, plaignez-vous, pestez.

                                        AN-

#### ANSELME.

                         La plainte eſt ſuperfluë.
Je diray ſeulement ſans plus d'émotion
Que nous avions tous deux la même intention,
Et que je ne venois que pour vous faire entendre
Que jamais, moi vivant, vous ne ſeriez mon gen-
         dre.

#### VIRGINE *au Marquis.*

L'occaſion eſt belle, au dédit, promptement.

#### LE MARQUIS.

Je vous ſçay fort bon gré d'enrager doucement.
Sus, rendez-moy mon fait, voicy le vôtre; vîte,
Vôtre Madame Olympe où fait-elle ſon gite?
Il nous la faut ici, je la veux pour témoin...

#### ANSELME.

Pour reſter quitte à quitte on n'en a pas beſoin.

#### LE MARQUIS.

Non, ce vous ſemble; va, ſay venir ta Maîtreſſe,
Dépêche. *bas à Virgine.* Pardonnez, ma divine
         Comteſſe,
Pour duper le barbon il faut vous tutoyer.

#### VIRGINE.

Vous attendrez fort peu, je vay vous l'envoyer.

---

# SCENE VII.

## LE MARQUIS, ANSELME, CARLIN.

#### LE MARQUIS.

CE coup inopiné vous rabattra la hupe.
Franchement vous penſiez que je fuſſe une
         dupe,
Et que m'étant laiſſé bonnement prendre au mot
Avec vous tout de grand j'allois faire le ſot?

#### ANSELME.

Quand vous m'auriez tenu....

#### LE MARQUIS.

                         Je ſçay de vos nouvelles.
Diable, quel maître Sire avecque ſes tutelles!
Sur ces cent mille écus dont on m'a crû leurrer,
                         Dites,

Dites, combien la Niéce a-t'elle à retirer?
ANSELME.
Dequoy me parlez-vous?
LE MARQUIS.
On m'a dit le myſtére.
Pour la Fille, elle a trop hérité de ſa Mere.
Tombe-t'elle ſouvent....... Là, vous m'entendez
    bien?
ANSELME.
Eſt-ce donc que ſes yeux ne luy ſervent à rien?
Tomber!
LE MARQUIS.
Ce vilain mal, puiſqu'il faut qu'on s'explique,
En quel temps devient-il plus ou moins domeſti-
    que?
Hem?

ANSELME.
J'ignore à quoy tend ce galimatias.
CARLIN au Marquis.
Ne voulant point entendre, il ne répondra pas.
LE MARQUIS.
Voicy ſa Géniture.

* * *

## SCENE VIII.

### LE MARQUIS, ANSELME, OLYMPE, VIRGINE, CARLIN.

LE MARQUIS.

Approchez, nôtre Prude.
OLYMPE.
Je vous ay dit tantôt quelque choſe de rude,
Vous en êtes choqué, mais ſi vous étiez prêt
A recevoir l'excuſe....
LE MARQUIS.
Alte-là, s'il vous plaît,
Tantôt, faute d'avoir oüy de moy fleurettes
Vous avez fait la folle, & c'eſt ce que vous êtes;
Mais quand vous auriez eu l'accueil benin &
    doux,
                                    Vous

Vous parlant d'épouſer, je me mocquois de vous.
Outre qu'à droit, à gauche, & devant, & der-
   riére,
Vôtre race a l'honneur d'être fort roturiére,
Vous poſſédez encor trés-perſonnellement
Tout ce que la laideur peut avoir d'ornement,
Vous êtes ſotte, vieille, impertinente, gueuſe,
Sans eſprit, ſans talent que celuy de grondeuſe,
Et le Diable qui loge avecque les Hyboux,
Voulant ſe marier, ne voudroit pas de vous.
à Virgine bas.

Ma Comteſſe.
VIRGINE bas au Marquis.

J'entens.

ANSELME.

Vous ne pouviez mieux dire.
LE MARQUIS.

Qu'elle m'en diſe autant, je n'en feray que rire,
On me connoît.
OLYMPE.

Autant! à vous le beau des beaux!
LE MARQUIS.

Afin de m'adoucir vous direz mots nouveaux,
Point de raparriement, cela vaut fait, rupture.
VIRGINE bas au Marquis.

Vîte.

LE MARQUIS.

Pour déchirer déployons l'écriture.
Allons, vieux Roquentin, les armes à la main.
VIRGINE prenant le billet du Marquis<br>qu'elle déchire.

Donnez-moy, vous ſeriez d'icy juſqu'à demain.
LE MARQUIS.

Bon, voilà ton dédit, Bourgeois.
ANSELME déchirant ſon billet.

Et voilà comme
Je fais état du tien, Monſieur le Gentilhomme.
LE MARQUIS.

La colére vous prend, ne vous contraignez pas,
Enragez à vôtre aiſe, & faites du fracas.
à Olympe.

Fort

Fort bien, il vous faloit des Marquis?
### OLYMPE.
Je l'avouë,
J'ay touchant vôtre hymen mérité qu'on me jouë,
Mais vous trouverez bon que fort modestement
Je vous fasse à mon tour un leger compliment.
Et ne vous cache plus que si prendre une femme
Est un dessein fixé que vous ayez dans l'ame,
Vous êtes obligé par beaucoup de raisons
D'en aller choisir une aux petites maisons.
Vous avez le cerveau.
### LE MARQUIS.
Tout doux, ma Colombelle,
Je sçay que je vous fais une injure mortelle,
Vous laisser encor Fille est un tort des plus grands,
Mais ne vous fachez point, tout vient avec le temps.
De peur qu'à trop garder ce vieux nom qui vous
choque,
Vôtre virginité vous presse & vous suffoque,
Demain, je vous améne un Galant achevé.
Joly, beau.
### ANSELME.
J'ay sans vous un Gendre tout trouvé.
Qu'on le fasse venir.
### LE MARQUIS.
Ah, voyons donc ce Gendre.
Trois jours aprés l'hymen c'est un homme à se pen-
dre.
Et la chére Lucréce, elle n'est point icy?
Je la cherchois des yeux.
### OLYMPE.
Vous met-elle en soucy?
Virgine, promptement.
### LE MARQUIS.
Vous l'appellez Virgine?
### OLYMPE.
Pour Monsieur le Marquis averty ma Cousine.
### LE MARQUIS arrêtant Virgine.
Elle l'avertira si je veux. Demeurez.
Vous vous faites servir, ma foy; vous en aurez
Des valets qui plus hauts que vous de trois étages?
Quand

Quand vous commanderez se mettront à vos gâ-
ges?

ANSELME.

Il est fort pour Virgine, & ne sçauroit souffrir....

LE MARQUIS.

Demain vous en pourrez tout au long discourir.
Bouche close aujourd'huy, Compère.

ANSELME.

Elle est heureuse,
Et tandis que ma Fille est sotte, vieille, gueuse,
C'est pour elle un sujet d'orgueil....

LE MARQUIS.

Voylà le point,
Vous y touchez du doigt, & ne l'entendez point,
Laissez faire à l'Orgueil, il vous promet miracle.

ANSELME.

Monsieur le Chevalier n'y mettra pas d'obstacle.

---

# SCENE IX.

## ANSELME, LE MARQUIS, LE CHEVALIER, OLYMPE, LUCRECE, VIRGINE, CARLIN.

ANSELME *au Chevalier.*

VEnez, on vous attend pour un ordre assez
doux,
J'ay repris ma parole, & ma Fille est à vous,
Donnez-luy vôtre main.

LE CHEVALIER.

L'aurois-je pû prétendre?
Quel heur?

LE MARQUIS.

C'est mon Cadet, bon jour, Monsieur le Gendre,
Je suis ravy du choix, quand je la régalois
De l'offre d'un Amant, c'est luy dont je parlois.

LE

LE CHEVALIER.

A l'obtenir pour moy vous avez eu grand zéle.

LE MARQUIS.

Trop heureux de l'avoir quand je ne veux plus d'elle.

Te voilà bien, Cadet, tiens-y-toy.

ANSELME.

Je prétens,
Que tous trois nous aurons sujet d'être contens,
Et qu'entre nous jamais ny discorde ny guerre.

LE MARQUIS à Anselme.

Et quand il la verra se debattre par terre.
Faire des cris, hurler, rira-t'il bien ?

ANSELME.

De quoy ?

LE MARQUIS,

De quoy ? Le fin Renard.

ANSELME.

C'est de l'Hebreu pour moy.

LE MARQUIS.

Ne craignez rien, je sçay ce qu'il faut qu'on luy
cache.
Ils sont bien assortis, chacun d'eux a sa tache.
Mon Cadet est sans bien, je vous l'ay déja dit.
Mais.

ANSELME.

Il aime la gloire, & cela me suffit,
Si quelque qualité peut en lui me déplaire,
Puis qu'il faut parler franc, c'est qu'il est vôtre
frere.

LE MARQUIS.

S'il ne tient qu'à cela, pour vous rendre content
Je me défraternise, il en peut faire autant,
Laisser du nom Lorgnac la noblesse en arriére,
Et se faire appeller Monsieur de l'Anselmiére.
La Seigneurie est belle, & bien digne de vous,
Pere Anselme. à Lucrèce. Le Pere & la Fille sont
fous,
Qu'en dites-vous, ma Belle ? Il vous faut que je
pense.
Pour les pouvoir souffrir, grand fond de patience ?

LU-

LUCRECE.

Vous me croyez peut-être encor plus folle qu'eux?

LE MARQUIS.

Vous croire folle ? Ah non, c'est bien assez de
    deux,
Et d'ailleurs j'ay pour vous....

LUCRECE.

                              J'en devine la cause,
On m'a dit que je dois vous être quelque chose,
Que vous épouserez la Comtesse.

LE MARQUIS.

                    Comment,
Qui vous l'a dit ?

LUCRECE.

            Qu'importe, à quand l'hymen ?

LE MARQUIS.

                        Vrayement ?
La Comtesse ! c'est bien mon amour qu'elle brigue.

LUCRECE.

Pourquoy non ?

LE MARQUIS.

            Demandez à nôtre vieux Rodrigue
Si la plus misérable accepteroit mon cœur.

ANSELME.

Vous pensez vous railler ? Je plaindrois son mal-
    heur,
Et si j'en étois crû, quoy que le bien nous tente,
Virgine que voilà qui n'est qu'une Suivante,
Quand vous la voudriez....

LE MARQUIS.

                    Il est bon, sur ma foy,
Virgine ! le moyen qu'elle voulût de moy ?
Mon bel Ange, parlez, que faut-il que j'en croye?

VIRGINE.

Jugez-en.

## SCENE X.

## ANSELME, ORONTE, LE MARQUIS, OLYMPE, LUCRECE, LE CHEVALIER, VIRGINE, CARLIN.

### ORONTE.

Je vous viens faire part de ma joye,
Ma sœur est arrivée enfin selon mes vœux,
Et demain je me vois en état d'être heureux.

### VIRGINE *au Marquis.*

Je me cache un moment afin de le surprendre.

### ANSELME *à Oronte.*

C'est d'elle pour l'hymen que le jour se doit prendre.

### ORONTE *au Chevalier.*

Pour surcroit d'allegresse on m'a là-bas appris
Ce que doit vôtre amour à Monsieur le Marquis,
S'il daignoit honorer ma Sœur d'une visite,
Elle est civile, douce, & connoit son mérite.

### LE MARQUIS.

Vous ne m'apprenez rien, n'en soyez point jaloux,
Je l'ay vûë, & sçavois son retour avant vous.

### ORONTE.

Vous l'avez vûë ?

### LE MARQUIS.

Hola, qu'on appelle Virgine.
Que j'en vay voir icy qui feront grise mine !

### VIRGINE.

On a besoin de moy, qu'est-ce ?

### LE MARQUIS *à Oronte.*

Ne dites mot.

### ORONTE.

D'où vient que....

### LE MARQUIS *à Oronte.*

Nous verrons qui de nous est le sot.

Motus.

CAR-

CARLIN *au Chevalier.*
Garde mon dos, ce n'est plus raillerie.

LE CHEVALIER.
Va, ne crains rien.

VIRGINE.
Tandis que chacun se marie,
Si j'en faisois autant?

ORONTE.
Virgine a de l'esprit.

ANSELME.
L'exemple tout d'un coup la met en appétit.

VIRGINE.
J'ai promis en secret, puis-je tenir parole?

LE MARQUIS.
Vous allez voir à qui.

VIRGINE.
C'est la fin de mon rôle.
Touche, Carlin.

CARLIN.
Mon tout, ma Virgine!

LE MARQUIS.
*à Oronte.* Elle se divertit.

VIRGINE *au Marquis.*
Je n'ai pas le cœur haut.
Si pourtant vous pouviez vouloir d'une Suivante,
Je suis vôtre trés-humble & trés-tendre Servante.

LE MARQUIS.
La Suivante m'a plû, me plaît, & me plaira.

ANSELME.
Quel est donc ce mystére?

LE MARQUIS.
Oronte le dira.

ORONTE *à Anselme.*
Je m'y perds comme vous.

LE MARQUIS *à Anselme.*
Il veut pousser la piéce,
La Virgine est sa Sœur, Madame la Comtesse.

ORONTE.
Ma Sœur?

ANSELME.
Qui nous rendra raison de tout ceci?
De.

Depuis un an & plus Virgine fert ici,
Aprés l'avoir chaffée on vient de la reprendre,
Et c'eft une Comteffe! y peut-on rien comprendre.

### LE MARQUIS.

Carlin.

### CARLIN.

Monfieur.

### VIRGINE.

                        Je puis débroüiller ce cahos,
Si l'on veut m'écouter j'aurai fait en deux mots.
Le Marquis prétendant époufer ma Maitreffe
J'ai pour l'en dégoûter contrefait la Comteffe,
Et par là lui faifant pour moi tout oublier
J'ai levé tout obftacle aux vœux du Chevalier.

### LE MARQUIS.

M'avoir fourbé?

### VIRGINE.

                J'ai tort; mais Carlin qui me gâte....

### LE MARQUIS.

Ah, coquin, tu mourras.

### CARLIN.

                    Moi? jen'ai point de hâte.

### LE CHEVALIER.

Ce Valet eft à moi, point de bruit, s'il vous
    plaît.

### LE MARQUIS.

D'un gibier de bourreau tu prens donc l'intérêt,
Cadet maudit; & toy rieufe ridicule,
Epoufe-le, j'en dois avaler la pillule?
C'en eft fait, je roy bien qu'en penfant l'attraper
Moy-même je me fuis enfin laiffé duper.
Pour un fat comme luy qui n'avoit pas la maille,
Cent mille écus font beaux, il en fera gogaille:
Mais puiffe-t'il fe voir plus marqué fur le front
Que cent des mieux tymbrez enfemble ne le
    font.
Que le nombre d'Enfans vous rendant miférables
Vous faffe chaque jour donner à tous les diables;
Puiffiez-vous en feize ans en avoir trente-deux
Tous borgnes, tous boffus, tous tortus, tout
    boiteux;

Si-tôt qu'ils seront grands, que chacun d'eux vous
    crache,
A toy sur la criniére, à toy sur la moustache,
Et pour l'achévement d'un malheur consommé,
Qu'ils soient haïs par tout comme je suis aimé.

*Il sort.*

ORONTE

Vous en voilà défaits.

VIRGINE.

                 Et tont par mon adresse.
Quel present fera-t'on à la fausse Comtesse?
Il m'en faut un de noce & des plus beaux.

ANSELME.

                          Suy-nous,
C'est moy qui dois payer, & je répons pour tous.

## FIN.

9 782016 113318

Le procédé de fabrication du glycérophosphate de chaux qui a été communiqué en notre nom, par M. L. Portes, à la Société de pharmacie de Paris, le 7 mars 1894, et publié dans le *Bulletin* de la Société chimique de Paris le 20 janvier 1895, est basé sur l'éthérification de l'*acide phosphorique à 60 0/0* et de la glycérine *pure à 28°* (D = 1.242) à la température de 100° à 110°. A ce sujet, je dois dire que les proportions des deux corps réagissant aussi bien que la température d'éthérification furent établies expérimentalement et d'après les rendements obtenus, ce qui exigea un nombre considérable d'opérations.

Au moment, en effet, où j'entreprenais ces recherches, le mode de formation des différents éthers de l'acide phosphorique et de la glycérine était inconnu, et je ne pouvais me baser que sur l'expérimentation suivie avec le plus grand soin pour la détermination tant des quantités des deux corps à faire réagir que du choix de leur état physique et de la température qui devait être adoptée.

Dans le courant de l'année 1905, la lecture d'une thèse très remarquable de M. Pierre Carré (1) me donna l'idée de reprendre les expériences que j'avais laissées de côté depuis quelque temps. Cet auteur, pour la préparation de l'acide glycérophosphorique entre autres, partait, en effet, d'acide phosphorique et de glycérine anhydre, opérait sous le vide, et obtenait

(1) *Sur l'éthérification de quelques alcools polyatomiques par les acides phosphorique et phosphoreux*, thèse présentée à la Faculté des sciences, janvier 1905.

des résultats qui me parurent fort intéressants. Je fus donc amené à me demander s'il n'y aurait pas lieu de modifier dans le sens qu'il indiquait le procédé de fabrication que j'avais adopté et publié. Devais-je au contraire le maintenir dans son intégralité, d'autant plus qu'une enquête officieuse sur l'industrie du glycérophosphate de chaux avait montré que les rendements obtenus étaient insuffisants et loin de correspondre à une éthérification normale ? La série d'expériences nouvelles que je dus entreprendre me conduisit à essayer de séparer les sels de monoéther et de diéther, et à préparer des dérivés métalliques nouveaux : les glycérophosphates mercureux et mercurique, sur lesquels, jusqu'à ce jour, il n'a été, à ma connaissance, publié aucune note.

L'exposé de ces diverses recherches fait l'objet de ce travail.

Qu'il me soit permis, en terminant cette préface, d'exprimer mes sentiments de plus sincère gratitude à M. le professeur Béhal pour les encouragements qu'il m'a prodigués, et de payer une dette de reconnaissance à mon maître et ami M. L. Portes, dont les conseils me furent si précieux. Je tiens aussi à remercier M. Albert Marc de la collaboration intelligente et zélée qu'il m'a donnée au cours de ces recherches.

# EXPOSÉ

Ce travail est divisé en cinq parties :

1° Généralités. Éthérification à diverses températures de l'acide phosphorique et de la glycérine, à différentes concentrations, sous la pression atmosphérique et sous une pression réduite (12 à 15 m/m).

Détermination des conditions théoriques les plus favorables d'après les résultats obtenus (expériences de laboratoire) ;

2° Mise en pratique, pour la fabrication industrielle du glycéro-phosphate de chaux, des déterminations théoriques exposées dans le chapitre précédent. Description détaillée du procédé suivi et des appareils adoptés. Considérations sur les causes qui font varier les rendements. Essai de séparation des sels de monoéther et de diéther ;

3° Etude sur le glycérophosphate de chaux du commerce. Recherches sur son état d'hydratation, sa solubilité, sa composition ;

4° Préparation des glycérophosphates mercureux et mercurique. Identification des produits obtenus ;

5° Conclusions.

2

I

Généralités. — Éthérification à diverses températures de l'acide phosphorique et de la glycérine à différentes concentrations, sous la pression atmosphérique et sous pression réduite (12 à 15 m/m). Détermination des conditions théoriques les plus favorables d'après les résultats obtenus (expériences de laboratoire).

---

A l'époque où j'ai entrepris la recherche d'un procédé industriel de préparation du glycérophosphate de chaux, les diverses phases de cette éthérification étaient presque inconnues. On savait que l'acide phosphorique et la glycérine, mis en présence et chauffés à une température élevée, donnaient, avec déshydratation, naissance à un éther, mais on ignorait la complexité du phénomène produit.

En utilisant les indicateurs colorés, MM. Adrian et Trillat ont bien signalé en 1898 (1) la formation de différents éthers par l'action de l'acide phosphorique sur la glycérine, et entre autres d'un éther neutre à ces indicateurs ; celui-ci était, d'après eux, un diéther formé d'une molécule d'acide phosphorique et de deux molécules de glycérine.

(1) *Journal de pharmacie et de chimie*, t. VII, 6ᵉ série, pp. 226 et suivantes.

Vers la même époque, MM. Imbert et Astruc ont donné un procédé de dosage des glycérophosphates qui permettait de déterminer·la quantité d'acide combiné et la quantité d'acide libre, sans toutefois établir la proportion des différents éthers formés.

Mais ce sont les recherches de M. Pierre Carré qui ont démontré qu'au cours de l'éthérification, prennent naissance trois sortes d'éthers : le monoéther, le diéther et le triéther, qui correspondent aux trois acidités de l'acide phosphorique et réagissent différemment sur les indicateurs colorés suivants : hélianthine, phtaléine et phtaléine en présence de chlorure de calcium.

D'après cet auteur, le monoéther est monoacide à l'hélianthine et diacide à la phtaléine. Le diéther est monoacide à l'hélianthine et à la phtaléine. Le triéther est neutre aux indicateurs colorés ci-dessus.

En somme :

1° La différence entre l'acidité totale primitive et l'acidité retrouvée à l'hélianthine représente le triéther ;

2° La différence entre l'acidité à l'hélianthine et l'acidité à la phtaléine donne le diéther ;

3° La différence entre l'acidité à la phtaléine et l'acidité à cet indicateur coloré, en présence du chlorure de calcium, détermine le monoéther ;

4° Enfin l'acidité dévoilée dans le dosage à la phtaléine en présence du chlorure de calcium représente la proportion d'acide restant non combiné.

Prenons un exemple.

Admettons que l'acidité primitive de notre mélange avant éthérification soit représentée par 7 cc. 75 de liqueur décinormale de soude (exempte de carbonate).

Soient les résultats suivants :

Dosage à l'hélianthine . . . . . . . . . . . 7 cc. 3
Dosage à la phtaléine . . . . . . . . . . . 5 cc. 2
Dosage à la phtaléine (en présence de chlorure de calcium). . . . . . . . . . . . . . . 3 cc. 5.

Les calculs ci-après donnent la proportion de chacun des éthers formés :

1° 7 cc. 75 — 7 cc. 3 = 0.45 Triéther
2° 7 cc. 3 — 5 cc. 2 = 2.1 Diéther
3° 5 cc. 2 — 3 cc. 5 = 1.7 Monoéther

L'acide combiné est représenté par le total des trois quantités ci-dessus, soit 4 cc. 25, et l'acide libre non combiné par la proportion qui se manifeste au virage à la phtaléine en présence de chlorure de calcium, soit 3 cc. 5.

Il suffit de faire la proportion entre ces divers chiffres et l'acidité totale pour obtenir les quantités des différents éthers formés. Nous aurons ainsi :

Triéther. . . . . . . . . . . 5.8
Diéther . . . . . . . . . . . 27.1
Monoéther. . . . . . . . . . 21.9
Acide combiné . . . . . . . 54.8
Acide libre. . . . . . . . . 45.2
Total. . . . . . . . . 100

Pour la mise en œuvre des nombreuses éthérifications de laboratoire que j'ai dû effectuer, j'ai eu recours à un appareil original qui m'a permis de faire simultanément, à toute température, deux séries d'éthérifications, l'une sous la pression atmosphérique, l'autre sous pression réduite (12 à 15 m/m).

L'appareil que j'ai imaginé, et dont je donne ci-après la figure, se compose d'une rampe à gaz (A) de forme allongée au-dessus de laquelle se trouve, à hauteur convenable, un récipient en tôle (B), de même forme mais de dimensions un peu plus grandes, et garni de chaque côté de volets mobiles métalliques, doublés de toile d'amiante, qui empêchent autant que possible la déperdition de la chaleur provenant du foyer, tout en maintenant l'accès de l'air nécessaire à la combustion du gaz. Dans cette sorte de cuve en tôle, dont le fond est recouvert d'une couche très mince de sable fin, repose un second récipient en cuivre contenant de la vaseline et garni à l'intérieur d'un panier en toile métallique galvanisée, divisé en 20 cases. Dix de ces cases reçoivent des fioles à large ouverture et à fond plat (C), destinées aux éthérifications sous la pression atmosphérique. Les dix autres cases reçoivent des carafes de verre de même forme (D), mais capables de supporter le vide, pour les éthérifications dans cette condition physique spéciale.

Le vide est obtenu au moyen d'une trompe à eau.

Le récipient B porte à chacune de ses extrémités un support en fer (E) sur lequel est fixé horizontalement un tube creux en cuivre très épais (F.) Ce tube est muni de 10 robinets en métal (G), parfaitement rodés, et terminés par des ajutages qui permettent de relier chacun d'eux avec une carafe à vide au moyen d'un raccord en caoutchouc spécial à cet usage. Celui-ci vient se brancher sur un tube en verre qui traverse le bouchon en caoutchouc fermant hermétiquement chaque carafe. De plus, la tubulure latérale de chacune d'elles est munie d'un robinet pour la rentrée de l'air.

Le tube de cuivre F possède à l'une de ses extrémités un robinet (H) qui le met en rapport avec la trompe à eau. Un manomètre à mercure, permettant de constater et de suivre le vide obtenu dans l'appareil, est branché latéralement. De plus, entre la trompe à eau et l'appareil, se trouve interposé un flacon de sûreté (I).

Dans ces conditions, il m'a été possible de mener de front, à même température, deux séries d'éthérifications, dont l'une sous la pression atmosphérique et l'autre sous une pression réduite de 12 à 15 m/m. La température voulue était assurée au moyen d'un régulateur à gaz, et grâce à la mince couche de sable interposé entre le bain de vaseline et la flamme, dont j'évitais ainsi l'action directe, je suis arrivé avec cet appareil à une constance de température très appréciable.

Les expériences d'éthérification que j'ai instituées sont résumées ci-après ; chacune des séries a été suivie et analysée d'heure en heure jusqu'à la 12e heure inclusivement, puis de 12 en 12 heures jusqu'à rétrogradation définitive de l'éthérification.

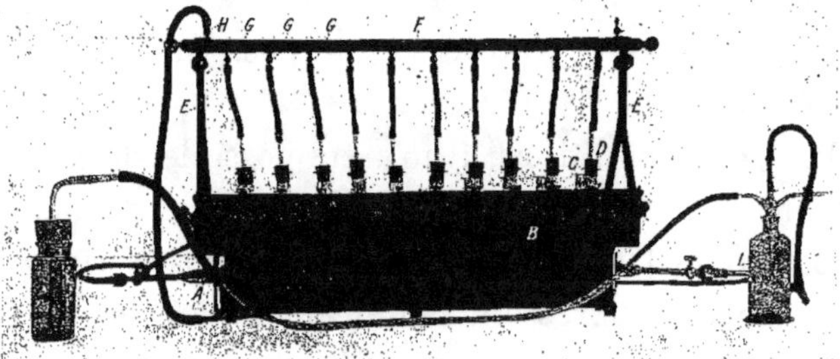
H G G G F
E E
D
C
B
A
L

L'éthérification a été étudiée en agissant sur les mélanges suivants à poids égaux :

*A*) Acide phosphorique à 85 0/0 d'acide trihydraté $PO^4H^3$, glycérine pure à 98 0/0 (30° B.) ;

*B*) Acide phosphorique à 60 0/0 d'acide trihydraté $PO^4H^3$, glycérine pure à 89 0/0 (28° B.).

La quantité mise en œuvre dans chaque fiole était de 20 grammes pour le mélange A et de 25 grammes pour le mélange B, de façon à faire réagir des quantités relativement égales d'acide.

L'éthérification de chacun des mélanges a été faite simultanément sous la pression atmosphérique et sous pression réduite (12 à 15 m/m), aux températures de 110°, 130° et 150'.

Je donne dans les tableaux qui suivent les résultats obtenus.

*Ethérification d'un mélange équipondéral de $PO^4H^3$*
*à 85 % et de glycérine à 30° B.*

---

**1re Série. — Pression atmosphérique, 110°, 1 à 12 heures.**

| Heures de chauffe | Triéther | Diéther | Monoéther | Total |
|---|---|---|---|---|
| 1 H. | 0 | 4.6 | 3.4 | 8 |
| 2 H. | 0 | 4.6 | 2.3 | 6.9 |
| 3 H. | 0 | 10.3 | 4.6 | 14.9 |
| 4 H. | 0 | 13.8 | 3.4 | 17.2 |
| 5 H. | 0 | 14.9 | 4.6 | 19 5 |
| 6 H. | 0 | 16 | 5.7 | 21.7 |
| 7 H. | 0 | 17.2 | 8 | 25.2 |
| 8 H. | 0 | 18.4 | 14.9 | 33.3 |
| 9 H. | 0 | 21.8 | 16.1 | 37.9 |
| 10 H. | 0 | 23 | 18.4 | 41.4 |
| 11 H. | 0 | 26.4 | 24.1 | 50 5 |
| 12 H. | 0 | 27.6 | 28.7 | 56.3 |

---

**2e Série. — Pression réduite (12 à 15 m/m), 110°, 1 à 12 heures.**

| Heures de chauffe | Triéther | Diéther | Monoéther | Total |
|---|---|---|---|---|
| 1 H. | 0 | 2.3 | 3.4 | 5.7 |
| 2 H. | 0 | 5.7 | 3.4 | 9.1 |
| 3 H. | 0 | 8.6 | 6.9 | 15.5 |
| 4 H. | 0 | 11.5 | 8 | 19.5 |
| 5 H. | 0 | 13.8 | 8 | 21.8 |
| 6 H. | 0 | 16.1 | 11.5 | 27.6 |
| 7 H. | 0 | 18.4 | 16.1 | 34.5 |
| 8 H. | 0 | 20.7 | 19.5 | 40.2 |
| 9 H. | 0 | 23 | 23 | 46 |
| 10 H. | 0 | 24.1 | 27.6 | 51.7 |
| 11 H. | 0 | 26.4 | 31 | 57.4 |
| 12 H. | 0 | 29.9 | 33.3 | 63.2 |

*Ethérification d'un mélange équipondéral de PO⁴H³
à 85 % et de glycérine à 30° B.*

---

**3ᵉ Série. — Pression atmosphérique, 110°, de 12 en 12 heures.**

| Heures de chauffe | Triéther | Diéther | Monoéther | Total |
|---|---|---|---|---|
| 12 H. | 0 | 28.2 | 28.7 | 56.9 |
| 24 H. | 0 | 31 | 36.8 | 67.8 |
| 36 H. | 0 | 32.2 | 37.3 | 69.5 |
| 48 H. | 0.6 | 34.5 | 36.2 | 71.3 |
| 60 H. | 1.1 | 33.3 | 41.4 | 75.8 |
| 72 H. | 1.1 | 33.9 | 36.8 | 71.8 |
| 84 H. | 1.1 | 34.5 | 31 | 66.6 |
| 96 H. | 1.1 | 31 | 36.8 | 68.9 |
| 108 H. | 1.7 | 28.7 | 35.1 | 65.5 |
| 120 H. | 2.3 | 27 | 32.2 | 61.5 |
| 132 H. | 3.4 | 24.1 | 31 | 58.5 |
| 144 H. | 4 | 21.8 | 29.3 | 55.1 |

---

**4ᵉ Série. — Pression réduite (12 à 15 m/m), 110°, de 12 en 12 h.**

| Heures de chauffe | Triéther | Diéther | Monoéther | Total |
|---|---|---|---|---|
| 12 H. | 0 | 31 | 31 | 62 |
| 24 H. | 0 | 33.3 | 35.6 | 68.9 |
| 36 H. | 0 | 35.6 | 36.2 | 71.8 |
| 48 H. | 0.6 | 37.9 | 40.2 | 78.7 |
| 60 H. | 0.6 | 37.9 | 41.4 | 79.9 |
| 72 H. | 1.1 | 40.2 | 39.1 | 80.4 |
| 84 H. | 1.7 | 36.8 | 39.1 | 77.6 |
| 96 H. | 1.7 | 40.2 | 36.2 | 78.1 |
| 108 H. | 2.3 | 39.7 | 37.3 | 79.3 |
| 120 H. | 2.3 | 39.1 | 38.5 | 79.9 |
| 132 H. | 2.3 | 43.1 | 35 | 80.4 |
| 144 H. | 2.9 | 42.5 | 30.4 | 75.8 |

*Ethérification d'un mélange équipondéral de $PO^4H^3$
à 85 % et de glycérine à 30° B.*

**5ᵉ Série. — Pression atmosphérique, 130°, 1 à 12 heures.**

| Heures de chauffe | Triéther | Diéther | Monoéther | Total |
|---|---|---|---|---|
| 1 H. | 0 | 5.7 | 1.1 | 6.8 |
| 2 H. | 0 | 8 | 3.4 | 11.4 |
| 3 H. | 0 | 10.3 | 6.9 | 17.2 |
| 4 H. | 0 | 14.9 | 6.9 | 21.8 |
| 5 H. | 0 | 14.9 | 9.2 | 24.1 |
| 6 H. | 0 | 13.8 | 10.6 | 24.4 |
| 7 H. | 0 | 14.9 | 14.9 | 29.8 |
| 8 H. | 0 | 15.5 | 17.2 | 32.7 |
| 9 H. | 0 | 14.9 | 19.5 | 34.4 |
| 10 H. | 0 | 18.4 | 18.4 | 36.8 |
| 11 H. | 0 | 20.7 | 19.5 | 40.2 |
| 12 H. | 0 | 21.8 | 25.3 | 47.1 |

**6ᵉ Série. — Pression réduite (12 à 15 m/m), 130°, 1 à 12 h.**

| Heures de chauffe | Triéther | Diéther | Monoéther | Total |
|---|---|---|---|---|
| 1 H. | 0 | 1.1 | 1.1 | 2.2 |
| 2 H. | 0 | 2.9 | 1.7 | 4.6 |
| 3 H. | 0 | 6.3 | 2.3 | 8.6 |
| 4 H. | 0 | 9.2 | 6.7 | 15.9 |
| 5 H. | 0 | 11.6 | 8.1 | 19.7 |
| 6 H. | 0 | 40.7 | 9.3 | 50 |
| 7 H. | 0 | 44.2 | 11.7 | 55.9 |
| 8 H. | 0 | 48.8 | 13.9 | 62.7 |
| 9 H. | 0 | 49.4 | 17.6 | 67 |
| 10 H. | 0 | 50 | 21.4 | 71.4 |
| 11 H. | 0 | 51.2 | 22.6 | 73.8 |
| 12 H. | 0 | 53.6 | 23.8 | 77.4 |

*Ethérification d'un mélange équipondéral de $PO^4H^3$*
*à 85 % et de glycérine à 30° B.*

---

**7e Série. — Pression atmosphérique, 130°, 12 en 12 heures.**

| Heures de chauffe | Triéther | Diéther | Monoéther | Total |
|---|---|---|---|---|
| 12 H. | 0 | 26.4 | 20 | 46.4 |
| 24 H. | 1.1 | 31.6 | 28.2 | 60.9 |
| 36 H. | 1.7 | 33.3 | 24.7 | 59.7 |
| 48 H. | 1.7 | 28.2 | 24.1 | 54 |
| 60 H. | 2 9 | 32.2 | 11. | 46.1 |
| 72 H. | 3.4 | 28.7 | 11.5 | 43.6 |
| 84 H. | 5.2 | 25.3 | 10.9 | 41.4 |
| 96 H. | 4.6 | 34.5 | 6.9 | 46 |
| 108 H. | 3.4 | 36.2 | 13.8 | 53.4 |
| 120 H. | 3.4 | 33.9 | 17.2 | 54.5 |
| 132 H. | 2.9 | 34.5 | 13.2 | 50.6 |

---

**8e Série. — Pression réduite (12 à 15 m/m), 130°, 12 en 12 h.**

| Heures de chauffe | Triéther | Diéther | Monoéther | Total |
|---|---|---|---|---|
| 12 H. | 0 | 52.1 | 21.8 | 73.9 |
| 24 H. | 0.6 | 52.4 | 17.8 | 70.8 |
| 36 H. | 1.2 | 52.7 | 13.1 | 67 |
| 48 H. | 1.7 | 45.3 | 19.2 | 66.2 |
| 60 H. | 1.8 | 43.4 | 16.7 | 61.9 |
| 72 H. | 2.3 | 36.2 | 22.8 | 61.3 |
| 84 H. | 2.3 | 37.4 | 21 | 60.7 |
| 96 H. | 1.8 | 40.1 | 19 | 60.9 |
| 108 H. | 3.1 | 42.6 | 14.8 | 60.5 |
| 120 H. | 2.9 | 39.8 | 17.5 | 60.2 |

*Ethérification d'un mélange équipondéral de $PO^4H^3$*
*à 85 % et de glycérine à 30° B.*

---

**9e Série. — Pression atmosphérique, 150°, 1 à 12 heures.**

| Heures de chauffe | Triéther | Diéther | Monoéther | Total |
|---|---|---|---|---|
| 1 H. | 0 | 8 | 11.5 | 19.5 |
| 2 H. | 0 | 14.9 | 19.5 | 34.4 |
| 3 H. | 0 | 18.4 | 24.1 | 42.5 |
| 4 H. | 0.6 | 19 | 34.5 | 54.1 |
| 5 H. | 1.1 | 19.5 | 36.8 | 57.4 |
| 6 H. | 0.6 | 24.1 | 33.9 | 58.6 |
| 7 H. | 1.7 | 23 | 32.2 | 56.9 |
| 8 H. | 2.3 | 25.3 | 26.4 | 54 |
| 9 H. | 1.7 | 29.3 | 20.7 | 51.7 |
| 10 H. | 1.7 | 27 | 26.4 | 55.1 |
| 11 H. | 2.9 | 17.2 | 32.7 | 52.8 |
| 12 H. | 3.4 | 18.4 | 27.6 | 49.4 |

---

**10e Série. — Pression réduite (12 à 15 m/m), 150°, 1 à 12 h.**

| Heures de chauffe | Triéther | Diéther | Monoéther | Total |
|---|---|---|---|---|
| 1 H. | 0 | 20.7 | 3.4 | 24.1 |
| 2 H. | 0 | 33.3 | 17.2 | 50.5 |
| 3 H. | 0 | 52.9 | 17.2 | 70.1 |
| 4 H. | 0 | 52.9 | 24.1 | 77 |
| 5 H. | 0 | 55.7 | 23.6 | 79.3 |
| 6 H. | 0.6 | 55.2 | 23.6 | 79.4 |
| 7 H. | 0.6 | 56.3 | 21.8 | 78.7 |
| 8 H. | 1.1 | 56.3 | 21.8 | 79.2 |
| 9 H. | 1.1 | 55.2 | 21.8 | 78.1 |
| 10 H. | 1.1 | 52.9 | 23 | 77 |
| 11 H. | 1.7 | 50 | 24.7 | 76.4 |
| 12 H. | 2.3 | 47.1 | 26.4 | 75.8 |

*Ethérification d'un mélange équipondéral de $PO^4H^3$
à 85 % et de glycérine à 30° B.*

**11e Série. — Pression atmosphérique, 150°, 12 en 12 heures.**

| Heures de chauffe | Triéther | Diéther | Monoéther | Total |
|---|---|---|---|---|
| 12 H. | 2.9 | 16.1 | 29.3 | 48.3 |
| 24 H. | 3.4 | 18.9 | 23 | 45.3 |
| 36 H. | 4 | 21.8 | 18.4 | 44.2 |
| 48 H. | 4.6 | 23 | 16.1 | 43.7 |
| 60 H. | 5.2 | 17.2 | 23.6 | 46 |
| 72 H. | 5.2 | 21.8 | 21.3 | 48.3 |
| 84 H. | 5.7 | 25.3 | 18.4 | 49.4 |
| 96 H. | 5.7 | 21.8 | 19.5 | 47 |

**12e Série — Pression réduite (12 à 15 m 'm), 150°, 12 en 12 h.**

| Heures de chauffe | Triéther | Diéther | Monoéther | Total |
|---|---|---|---|---|
| 12 H. | 1.7 | 46 | 27 | 74.7 |
| 24 H. | 3.4 | 33.3 | 27.6 | 64.3 |
| 36 H. | 1.7 | 28.7 | 24.7 | 55.1 |
| 48 H. | 2.3 | 23 | 25.3 | 50.6 |
| 60 H. | 2.3 | 18.4 | 41.4 | 62.1 |
| 72 H. | 2.3 | 15 | 47.2 | 64.5 |

*Ethérification d'un mélange équipondéral de PO⁴H³*
*à 60 % et de glycérine à 28° B.*

**13° Série. — Pression atmosphérique, 110°, 1 à 12 heures.**

| Heures de chauffe | Triéther | Diéther | Monoéther | Total |
|---|---|---|---|---|
| 1 H. | 0 | 4.5 | 3.2 | 7.7 |
| 2 H. | 0 | 2.6 | 4.5 | 7.1 |
| 3 H. | 0 | 1.3 | 5.8 | 7.1 |
| 4 H. | 0 | 2.6 | 2.6 | 5.2 |
| 5 H. | 0 | 2.6 | 1.9 | 4.5 |
| 6 H. | 0 | 2.6 | 2.6 | 5.2 |
| 7 H. | 0 | 3.9 | 0.6 | 4.5 |
| 8 H. | 0 | 2.6 | 3.9 | 6.5 |
| 9 H. | 0 | 2.6 | 4.5 | 7.1 |
| 10 H. | 0 | 3.9 | 3.9 | 7.8 |
| 11 H. | 0 | 4.5 | 3.2 | 7.7 |
| 12 H. | 0 | 5.8 | 4.5 | 10.3 |

**14ᵉ Série. — Pression réduite (12 à 15 m/m), 110°, 1 à 12 h.**

| Heures de chauffe | Triéther | Diéther | Monoéther | Total |
|---|---|---|---|---|
| 1 H. | 0 | 1.3 | 4.5 | 5.8 |
| 2 H. | 0 | 1.9 | 4.5 | 6.4 |
| 3 H. | 0 | 2.6 | 3.9 | 6.5 |
| 4 H. | 0 | 3.2 | 4.5 | 7.7 |
| 5 H. | 0 | 2.6 | 6.4 | 9 |
| 6 H. | 0 | 3.9 | 4.5 | 8.4 |
| 7 H. | 0 | 3.2 | 5.8 | 9 |
| 8 H. | 0 | 3.2 | 7.1 | 10.3 |
| 9 H. | 0 | 2.6 | 9 | 11.6 |
| 10 H. | 0 | 3.2 | 8.4 | 11.6 |
| 11 H. | 0 | 4.5 | 8.4 | 12.9 |
| 12 H. | 0 | 6.4 | 7.1 | 13.5 |

## Ethérification d'un mélange équipondéral de $PO^4H^3$ à 60 % et de glycérine à 28° B.

**15ᵉ Série. — Pression atmosphérique, 110°, 12 en 12 heures.**

| Heures de chauffe | Triéther | Diéther | Monoéther | Total |
|---|---|---|---|---|
| 12 H. | 0 | 6.4 | 2.6 | 9 |
| 24 H. | 0 | 15.5 | 13.5 | 29 |
| 36 H. | 0 | 29.7 | 17.4 | 47.1 |
| 48 H. | 0 | 32.2 | 30.3 | 62.5 |
| 60 H. | 0 | 38.7 | 37.4 | 76.1 |
| 72 H. | 0.6 | 37.4 | 39.3 | 77.3 |
| 84 H. | 0.6 | 33.5 | 43.9 | 78 |
| 96 H. | 1.3 | 32.9 | 40 | 74.2 |
| 108 H. | 1.9 | 30.3 | 38.1 | 70.3 |
| 120 H. | 3.2 | 27.1 | 37.2 | 67.5 |
| 132 H. | 3.2 | 28.4 | 37.2 | 68.8 |
| 144 H. | 3.2 | 29.7 | 24.5 | 57.4 |

**16ᵉ Série — Pression réduite (12 à 15 m/m), 110°, 12 en 12 h.**

| Heures de chauffe | Triéther | Diéther | Monoéther | Total |
|---|---|---|---|---|
| 12 H. | 0 | 8.4 | 6.4 | 14.8 |
| 24 H. | 0 | 16.8 | 31.6 | 48.4 |
| 36 H. | 0 | 27.1 | 30.3 | 57.4 |
| 48 H. | 0 | 32.2 | 31.6 | 63.8 |
| 60 H. | 0 | 27.1 | 39.3 | 66.4 |
| 72 H. | 0 | 37.4 | 38.1 | 75.5 |
| 84 H. | 0.6 | 35.5 | 43.9 | 80 |
| 96 H. | 1.3 | 31 | 45.8 | 78.1 |
| 108 H. | 0 6 | 41.3 | 36.1 | 78 |
| 120 H. | 0.6 | 37.4 | 38.1 | 76.1 |
| 132 H. | 1.3 | 34.8 | 39.3 | 75.4 |
| 144 H. | 1.3 | 36.1 | 36.1 | 73.5 |

*Ethérification d'un mélange équipondéral de $PO^4H^3$*
*à 60 % et de glycérine à 28° B.*

**17ᵉ Série. — Pression atmosphérique, 130°, 1 à 12 heures.**

| Heures de chauffe | Triéther | Diéther | Monoéther | Total |
|---|---|---|---|---|
| 1 H. | 0 | 6.4 | 2.6 | 9 |
| 2 H. | 0 | 10.3 | 11 | 21.3 |
| 3 H. | 0 | 16.8 | 9.7 | 26.5 |
| 4 H. | 0 | 18.1 | 11 | 29.1 |
| 5 H. | 0 | 20.6 | 14.8 | 35.4 |
| 6 H. | 0 | 21.9 | 18.7 | 40.6 |
| 7 H. | 0 | 24.5 | 21.3 | 45.8 |
| 8 H. | 0 | 27.1 | 23.9 | 51. |
| 9 H. | 0 | 27.1 | 27.7 | 54.8 |
| 10 H. | 0 | 28.4 | 29. | 57.4 |
| 11 H. | 0 | 29.7 | 31.6 | 61.3 |
| 12 H. | 0.6 | 29.7 | 35.5 | 65.8 |

**18ᵉ Série. — Pression réduite (12 à 15 m/m), 130°, 1 à 12 heures.**

| Heures de chauffe | Triéther | Diéther | Monoéther | Total |
|---|---|---|---|---|
| 1 H. | 0 | 18.1 | 8.4 | 26.5 |
| 2 H. | 0 | 19.3 | 11 | 30.3 |
| 3 H. | 0 | 20.6 | 17.4 | 38 |
| 4 H. | 0 | 21.9 | 21.3 | 43.2 |
| 5 H. | 0 | 24.5 | 22.6 | 47.1 |
| 6 H. | 0 | 29.7 | 21.3 | 51. |
| 7 H. | 0 | 33.5 | 22.6 | 56.1 |
| 8 H. | 0 | 38.7 | 22.6 | 61.3 |
| 9 H. | 0 | 42.6 | 22.6 | 65.2 |
| 10 H. | 0 | 47.7 | 23.9 | 71.6 |
| 11 H. | 0 | 48.4 | 24.5 | 72.9 |
| 12 H. | 0 | 51.6 | 26.4 | 78. |

*Ethérification d'un mélange équipondéral de PO⁴H³
à 60 % et de glycérine à 28° B.*

**19ᵉ Série. — Pression atmosphérique, 130°, 12 en 12 heures.**

| Heures de chauffe | Triéther | Diéther | Monoéther | Total |
|---|---|---|---|---|
| 12 H. | 0.6 | 29. | 36.8 | 66.4 |
| 24 H. | 1.9 | 27.1 | 36.1 | 65.1 |
| 36 H. | 2.6 | 27.1 | 31.6 | 61.3 |
| 48 H. | 3.2 | 24.5 | 29.7 | 57.4 |
| 60 H. | 3.9 | 27.1 | 25.2 | 56.2 |
| 72 H. | 4.5 | 24.5 | 24.5 | 53.5 |
| 84 H. | 4.5 | 22.6 | 24.5 | 51.6 |
| 96 H. | 4.5 | 23.9 | 20 | 48.4 |
| 108 H. | 5.2 | 25.2 | 19.3 | 49.7 |
| 120 H. | 5.1 | 25.8 | 21.3 | 52.2 |
| 132 H. | 5.8 | 25.1 | 15.5 | 46.4 |
| 144 H. | 5.8 | 24.5 | 14.2 | 44.5 |

**20ᵉ Série — Pression réduite (12 à 15 m/m), 130°, 12 en 12 h.**

| Heures de chauffe | Triéther | Diéther | Monoéther | Total |
|---|---|---|---|---|
| 12 H. | 0 | 51 | 27.7 | 78.7 |
| 24 H. | 0.6 | 47.7 | 28.4 | 76.7 |
| 36 H. | 0.6 | 31 | 39.3 | 70.9 |
| 48 H. | 1.3 | 33.5 | 34.2 | 69. |
| 60 H. | 1.9 | 31.6 | 34.2 | 67.7 |
| 72 H. | 1.9 | 28.4 | 36.1 | 66.4 |
| 84 H. | 2.6 | 26.4 | 35.5 | 64.5 |
| 96 H. | 2.6 | 25.8 | 36.8 | 65.2 |
| 108 H. | 2.6 | 24.5 | 39.3 | 66.4 |
| 120 H. | 2.6 | 23.9 | 44.5 | 71 |
| 132 H. | 3.2 | 27.1 | 28.4 | 58.7 |
| 144 H. | 3.2 | 32.2 | 20.7 | 56.1 |

3

*Ethérification d'un mélange équipondéral de PO⁴H³
à 60 % et de glycérine à 28° B.*

**21° Série. — Pression atmosphérique, 150°, 1 à 12 heures.**

| Heures de chauffe | Triéther | Diéther | Monoéther | Total |
|---|---|---|---|---|
| 1 H. | 0 | 5.2 | 12.2 | 17.4 |
| 2 H. | 0 | 12.9 | 22.6 | 35.5 |
| 3 H. | 0 | 18.1 | 25.2 | 43.3 |
| 4 H. | 0 | 19.3 | 34.2 | 53.5 |
| 5 H. | 0 | 20.6 | 34.2 | 54.8 |
| 6 H. | 0.6 | 20.6 | 37.4 | 58.6 |
| 7 H. | 1.9 | 20.6 | 40 | 62.5 |
| 8 H. | 2.6 | 21.3 | 39.3 | 63.2 |
| 9 H. | 0.6 | 23.2 | 34.8 | 58.6 |
| 10 H. | 0.6 | 25.8 | 34.8 | 61.2 |
| 11 H. | 1.9 | 15.5 | 45.8 | 63.2 |
| 12 H. | 3.2 | 11.6 | 43.9 | 58.7 |

**22ᵉ Série. — Pression réduite (12 à 15 m/m), 150°, 1 à 12 heures.**

| Heures de chauffe | Triéther | Diéther | Monoéther | Total |
|---|---|---|---|---|
| 1 H. | 0 | 7.7 | 6.5 | 14.2 |
| 2 H. | 0 | 20.6 | 36.8 | 57.4 |
| 3 H. | 0 | 27.1 | 32.9 | 60 |
| 4 H. | 0 | 32.2 | 31.6 | 63.8 |
| 5 H. | 0 | 42.6 | 29 | 71.6 |
| 6 H. | 0 | 46.4 | 30.3 | 76.7 |
| 7 H. | 0 | 47.1 | 31 | 78.1 |
| 8 H. | 0 | 50.2 | 29.7 | 79.9 |
| 9 H. | 1.9 | 46.4 | 31 | 79.3 |
| 10 H. | 1.9 | 44.5 | 33.5 | 79.9 |
| 11 H. | 3.2 | 38.7 | 37.4 | 79.3 |
| 12 H. | 3.9 | 41.3 | 32.9 | 78.1 |

*Ethérification d'un mélange équipondéral de $PO^4H^3$
à 60 % et de glycérine à 28° B.*

---

**23e Série. — Pression atmosphérique, 150°, 12 en 12 heures.**

| Heures de chauffe | Triéther | Diéther | Monoéther | Total |
|---|---|---|---|---|
| 12 H. | 3.2 | 10.3 | 43.9 | 57.4 |
| 24 H. | 4.5 | 16.8 | 39.3 | 60.6 |
| 36 H. | 4.5 | 18.1 | 39.3 | 61.9 |
| 48 H. | 5.2 | 20.6 | 34.2 | 60 |
| 60 H. | 5.2 | 18.1 | 32.9 | 56.2 |
| 72 H. | 5.2 | 23.2 | 25.1 | 53.5 |
| 84 H. | 5.8 | 20 | 29.7 | 55.5 |
| 96 H. | 5.8 | 18.1 | 30.3 | 54.2 |
| 108 H. | 5.8 | 20 | 27.7 | 53.5 |
| 120 H. | 5.8 | 20.6 | 31 | 57.4 |

---

**24e Série. — Pression réduite (12 à 15 m/m), 150°, 12 en 12 h.**

| Heures de chauffe | Triéther | Diéther | Monoéther | Total |
|---|---|---|---|---|
| 12 H. | 3.9 | 42.6 | 30.3 | 76.8 |
| 24 H. | 4.8 | 37.1 | 37.1 | 79 |
| 36 H. | 4.5 | 28.3 | 47.1 | 79.9 |
| 48 H. | 4.5 | 26.4 | 43.2 | 74.1 |
| 60 H. | 4.5 | 24.5 | 43.2 | 72.2 |
| 72 H. | 4.5 | 22.6 | 43.9 | 71 |
| 84 H. | 4.5 | 21.9 | 42.6 | 69 |
| 96 H. | 4.5 | 15.5 | 45.8 | 65.8 |
| 108 H. | 4.5 | 20 | 42.6 | 67.1 |
| 120 H. | 4.5 | 19.3 | 40 | 63.8 |

Le phénomène de l'éthérification de l'acide phosphorique et de la glycérine, tout en obéissant aux lois générales de l'éthérification, présente une certaine complexité due aux diverses fonctions de la glycérine et de l'acide phosphorique, mais permet cependant de déduire des indications qui pourront, je l'espère, être utilisées dans la pratique industrielle.

Des nombreuses expériences que j'ai suivies, il résulte que les conditions physiques ont une influence considérable sur la marche de l'éthérification des deux corps dont je viens de parler. Par conditions physiques, j'entends la disposition des appareils facilitant plus ou moins l'élimination rapide de l'eau, la température, le degré de concentration des corps en présence, ainsi que la durée des opérations.

Ces influences sont telles qu'il est presque impossible de les séparer dans cet exposé, leurs actions réciproques tendant à se compléter, et quelquefois à se contrebalancer quand elles sont inverses.

Un premier fait, qui, d'ailleurs, est acquis depuis longtemps, c'est que, pour rompre l'équilibre qui tend à s'établir peu à peu entre les différents corps réagissant (acide, alcool, éther formé et eau) et qui limite l'éthérification, le départ de l'eau, au fur et à mesure de sa formation, est nécessaire.

Pour faciliter l'élimination de ce corps du champ de la réaction, il fallait augmenter sa tension de vapeur par un dispositif approprié. Deux solutions se présentaient : l'une, préconisée par M. Carré, était l'emploi du vide ; l'autre, que j'ai déjà appliquée industriellement depuis plusieurs années, était l'adoption du développement maximum des surfaces d'évaporation.

Dans le laboratoire, j'ai mené parallèlement mes expériences en les basant sur ces deux principes, et l'emploi de la pression réduite m'a, sans aucun doute, donné des résultats satisfaisants.

Je dois dire cependant que ceux-ci n'ont pas été tels que j'aie été amené à modifier le dispositif industriel que je décrirai dans les pages suivantes, et qui est *simplement* basé sur l'utilisation de larges surfaces évaporatoires.

Si l'élimination rapide de l'eau par des moyens physiques a une importance remarquable et permet déjà d'arriver à des résultats satisfaisants, deux autres facteurs qui exercent sur l'éthérification des influences que l'on ne doit pas négliger sont la concentration des corps en présence ainsi que la température à laquelle ils sont soumis.

Bien que, à froid, un mélange d'acide et d'alcool finisse à la longue par s'éthérifier en partie, il est certain que la chaleur, en facilitant le départ de l'eau mise en liberté pendant la réaction, augmente la vitesse d'éthérification et amène rapidement celle-ci à sa limite correspondante. De même, à froid, la limite d'éthérification est pour ainsi dire inversement proportionnelle à l'état d'hydratation des corps.

Les températures auxquelles j'ai soumis les mélanges que je voulais éthérifier sont : 110°, 130°, 150°. On verra, au cours de ce chapitre, qu'il n'est pas indifférent, suivant les concentrations des corps mis en réaction, d'adopter telle ou telle température.

Les résultats obtenus par M. Carré, en partant de

corps anhydres, m'avaient amené à penser qu'il y avait là une modification heureuse. Mais je dois reconnaître que l'expérience m'a indiqué qu'il n'y avait pas lieu de recourir à ces corps, puisqu'à des températures convenables cette déshydratation préalable s'opère rapidement. Aussi mon choix s'est-il porté sur les concentrations que l'on trouve le plus couramment dans le commerce, c'est-à-dire sur les acides phosphoriques à 60 0/0 de $PO^4 H^3$ et à 85 0/0 de $PO^4 H^3$, ainsi que sur la glycérine à 28° B. (89 0/0) et à 30° B. (98 0/0). Les éthérifications que j'ai faites parallèlement avec les acides à 60 0/0 et à 85 0/0 m'ont démontré que l'influence de la concentration ne se fait guère sentir que lorsque l'on opère à la température de 110°, et encore pendant les 12 premières heures. On constate, en effet, avec l'acide à 60 0/0, tant sous la pression atmosphérique que sous pression réduite, un retard qui s'explique par le fait que l'éthérification ne commence réellement que lorsque la masse est suffisamment déshydratée.

Ainsi à 110°, sous pression réduite, nous n'avons, au bout de 12 heures de chauffage, que 13.5 0/0 d'éthérification totale, tandis qu'à 130° nous avons 78 0/0 et qu'à 150° la rétrogradation est déjà commencée.

Quant à la limite d'éthérification, elle est, dans ces conditions, à peu près la même aux trois températures de 110°, 130° et 150°. En effet, nous trouvons 80 0/0 à 110°, 78.7 0/0 à 130° et 79.9 0/0 à 150°. Mais, par contre, la vitesse est tout à fait différente, car le maximum d'éthérification n'est atteint à 110° qu'après 84 heures de chauffage, tandis qu'à la température de 130° il est obtenu au bout de 12 heures et à 150° au bout de 8 heures seulement.

Pour l'acide à 85 0/0 sous pression réduite, les limites d'éthérification se rapprochent sensiblement de celles ci-dessus, c'est-à-dire de 80 0/0.

Sous la pression atmosphérique, les limites d'éthérification de l'acide phosphorique à 60 0/0 et de l'acide à 85 0/0 présentent une anomalie digne d'être notée.

En effet, les limites s'abaissent à mesure que la température s'élève ; au contraire, la vitesse d'éthérification augmente avec l'élévation de la température.

Ces faits ressortent du tableau ci-après :

| | Acide à 60 % | | | Acide à 85 % | |
|---|---|---|---|---|---|
| Température | Limite | Heures | | Limite | Heures |
| 110° | 78 % | 84 H. | | 75.8 % | 60 H. |
| 130° | 66.4 % | 12 H. | | 60.9 % | 24 H. |
| 150° | 63.2 % | 8 H. | | 58.6 % | 6 H. |

Une remarque faite nombre de fois, lorsque j'ai opéré sous pression réduite, est que la limite d'éthérification correspond presque toujours à l'apparition d'une mousse volumineuse ; ce qui a, d'ailleurs, déjà été constaté par M. Carré.

Si, après avoir envisagé l'éthérification au point de vue des températures et du temps, nous nous reportons aux résultats eux-mêmes, nous sommes amenés à traiter du monoéther et du diéther et à exposer les conditions qui ont paru avoir quelque influence sur leur formation.

Prenons l'acide phosphorique à 60 0/0 : nous remarquerons que, sous la pression atmosphérique, la limite de formation du diéther diminue avec l'élévation de la

température; à 110°, nous avons 39 0/0; à 130°, 30 0/0;
à 150°, 26 0/0 (phénomène analogue à celui déjà
constaté quand on envisage la quantité totale de
$PO^4 H^3$ combinée).

Sous pression réduite, le phénomène inverse se
produit : la limite de formation du diéther augmente
avec la température et atteint son maximum (51 0/0)
à 130°.

Si nous considérons maintenant l'acide à 85 0/0,
nous verrons que les résultats indiquent les mêmes
tendances générales; en effet, sous la pression atmosphérique, le diéther décroît avec l'élévation de la
température, tandis que, sous pression réduite. il
augmente dans des proportions intéressantes (43 0/0
à 110°, 53 0/0 à 130°, 56 0/0 à 150°).

Les remarques précédentes me font conclure que le
diéther prédomine de préférence sur le monoéther,
lorsque les conditions sont les plus favorables pour
une éthérification rapide, c'est-à-dire température
élevée, pression réduite ou développement des surfaces
d'évaporation.

Quant au monoéther, il m'a paru prendre le dessus,
dans un certain nombre de cas, lorsque le diéther
rétrograde; je crois donc qu'il se passe à ce moment
un phénomène de saponification et qu'il se produit
une modification de l'enchaînement des molécules.

Examinons les formules suivantes données par
M. Carré :

$$\text{Monoéther } O = P\begin{cases} O - CH^2 \\ -OH \quad CHOH \\ OH \quad CH^2OH \end{cases}$$

$$\text{Diéther} \qquad O = P{\overset{\diagup O\ -\ CH^2}{\underset{\diagdown O\ -\ CH^2}{-\,OH\quad CHOH}}}$$

$$\text{Triéther} \qquad O = P{\overset{\diagup O\ -\ CH^2}{\underset{\diagdown O\ -\ CH^2}{-\,O\ -\ CH}}}$$

Dans le monoéther, les deux molécules d'acide phosphorique et de glycérine sont réunies par une liaison avec départ d'une molécule d'eau.

Dans le diéther, il y a deux liaisons et départ de deux molécules d'eau.

Enfin, dans le triéther, les trois acidités de l'acide phosphorique sont saturées par les trois groupements alcool de la glycérine, et il y a départ de trois molécules d'eau.

La fragilité du diéther s'explique aisément par ce fait qu'une molécule d'eau, lorsqu'elle n'est pas éliminée assez rapidement du champ de la réaction, suffit pour rompre la double liaison et faire repasser le diéther à l'état de monoéther.

Dans les conditions les moins favorables pour une éthérification rapide, ce phénomène se produit de façon ininterrompue, et, s'opposant à la formation du diéther, amène la prédominance du monoéther.

Afin de rendre plus faciles à saisir les remarques que je viens d'exposer ainsi que toutes celles qui les précèdent, j'ai jugé utile de tracer les courbes de toutes les éthérifications qui ont été effectuées au laboratoire.

Dans les graphiques qui suivent, la ligne des abscisses indique la durée des opérations, et celle des ordonnées le pourcentage des éthérifications.

*Ethérification d'un mélange équipondéral de PO⁴H³*
*à 85 % et de glycérine à 30° B.*

---

**1ʳᵉ Série. — Pression atmosphérique, 110°, 1 à 12 heures.**

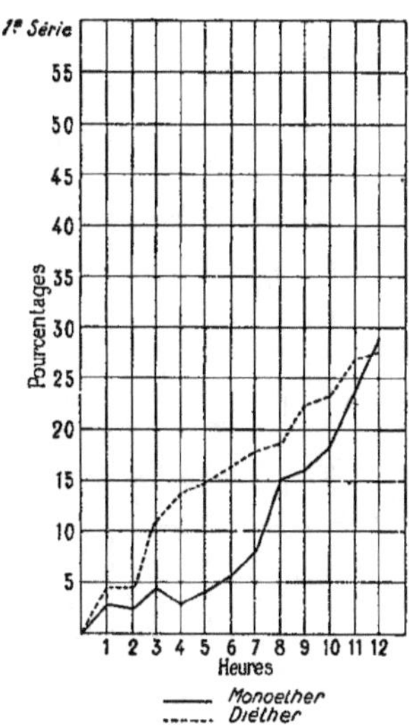



---

**2ᵉ Série. — Pression réduite (12 à 15 m/m), 110°, 1 à 12 h.**

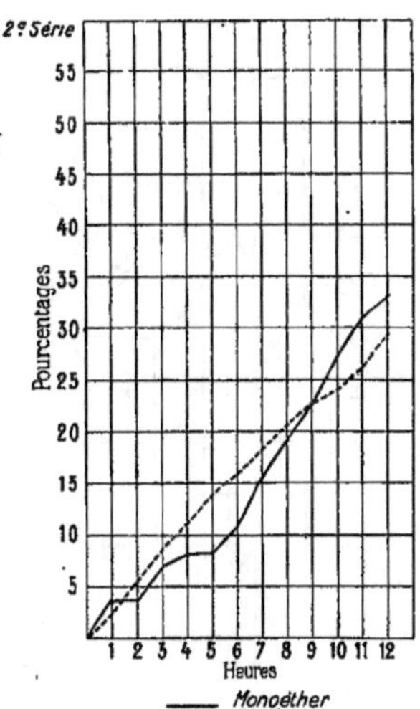

*Ethérification d'un mélange équipondéral de PO⁴H³*
*à 85 % et de glycérine à 30° B.*

---

**3ᵉ Série. — Pression atmosphérique, 110°, de 12 en 12 heures.**

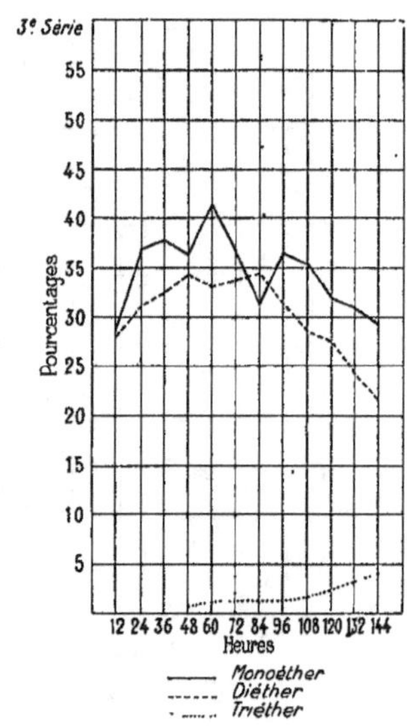



---

**4ᵉ Série. — Pression réduite (12 à 15 m/m), 110°, de 12 en 12 h.**

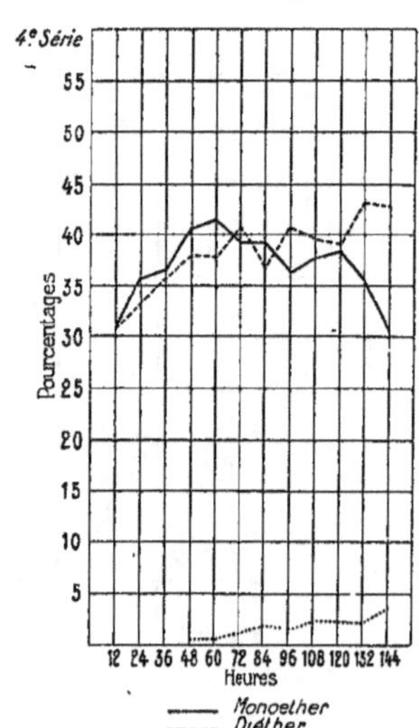

*Ethérification d'un mélange équipondéral de PO⁴H³*
*à 85 % et de glycérine à 30° B.*

**5ᵉ Série. — Pression atmosphérique, 130°, 1 à 12 heures.**

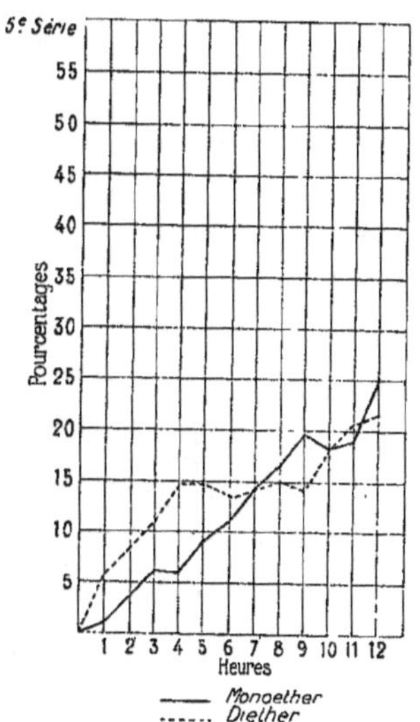



**6ᵉ Série — Pression réduite (12 à 15 m/m), 130°, 1 à 12 h.**

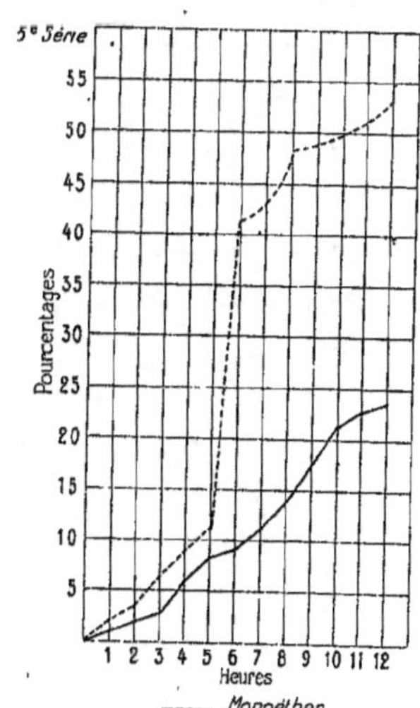

## Ethérification d'un mélange équipondéral de $PO^4H^3$ à 85 % et de glycérine à 30° B.

**7ᵉ Série. — Pression atmosphérique, 130°; 12 en 12 heures.**

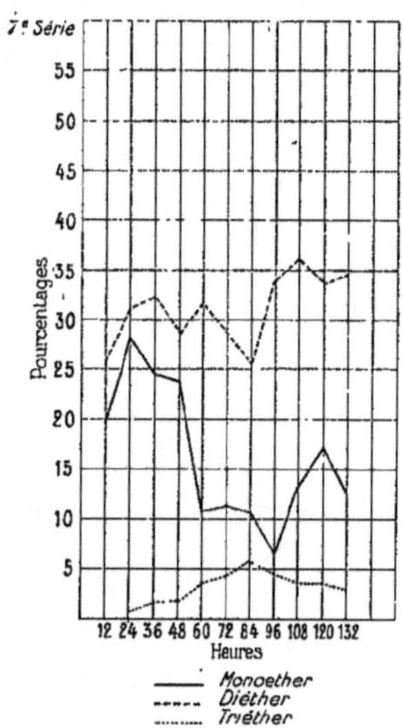



**8ᵉ Série. — Pression réduite (12 à 15 m/m); 130°, 12 en 12 h.**

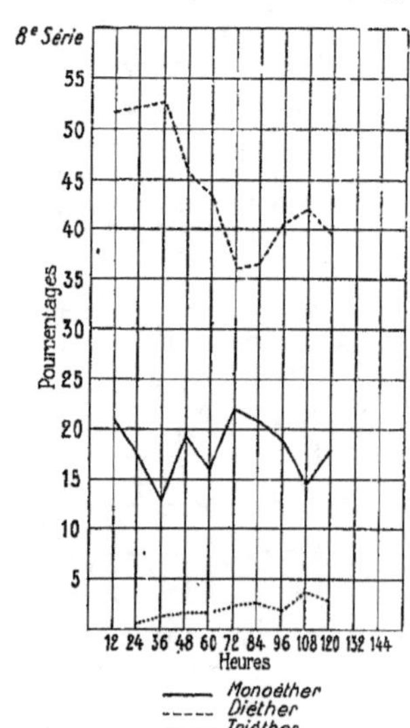

*Ethérification d'un mélange équipondéral de PO⁴H³*
*à 85 % et de glycérine à 30° B.*

---

**9ᵉ Série. — Pression atmosphérique, 150°, 1 à 12 heures.**

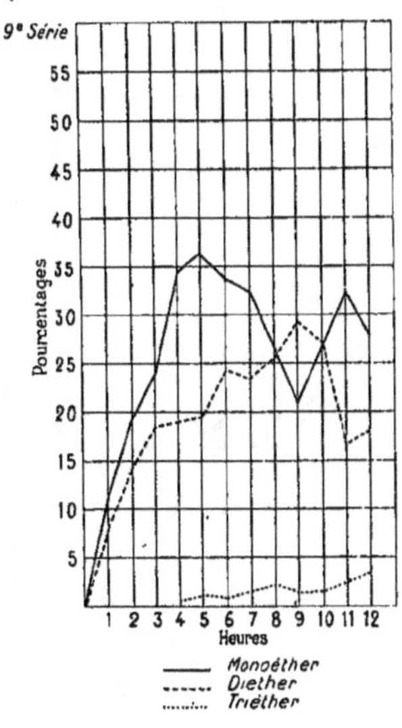


---

**10ᵉ Série. — Pression réduite (12 à 15 m/m), 150°, 1 à 12 h**

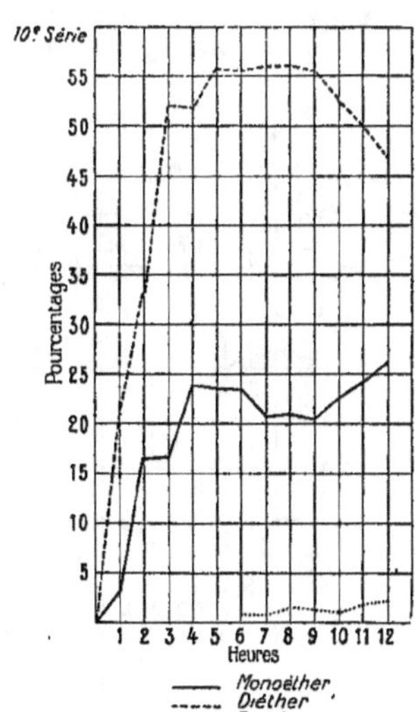

*Ethérification d'un mélange équipondéral de $PO^4H^3$*
*à 85 % et de glycérine à 30° B.*

**11e Série. — Pression atmosphérique, 150°, 12 en 12 heures.**

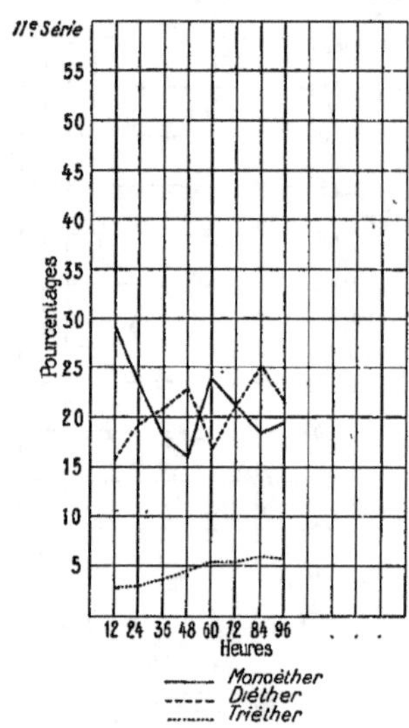


**12e Série. — Pression réduite (12 à 15 m/m), 150°, 12 en 12 h.**

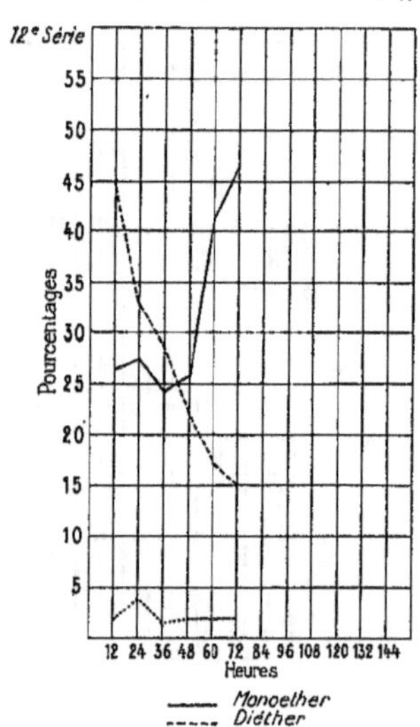

Ethérification d'un mélange équipondéral de PO⁴H³<br>à 60 % et de glycérine à 28° B.

**13ᵉ Série.** — **Pression atmosphérique, 110°, 1 à 12 heures**

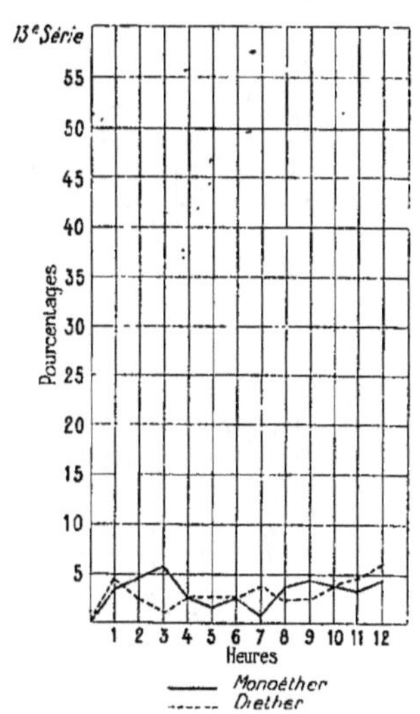


**14ᵉ Série.** — **Pression réduite (12 à 15 m/m), 110°, 1 à 12 h.**

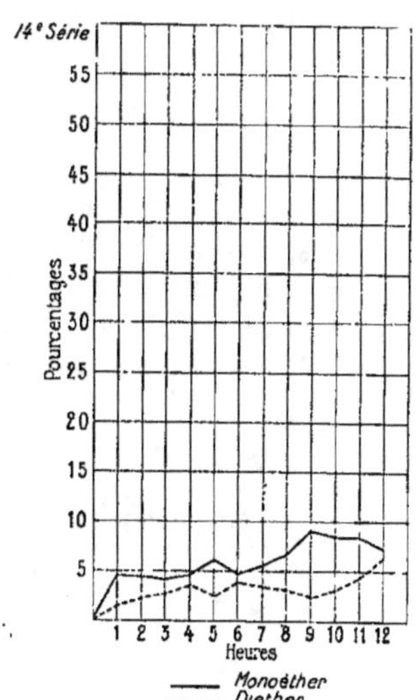

*Ethérification d'un mélange équipondéral de $PO^4H^3$
à 60 % et de glycérine à 28° B.*

**15ᵉ Série. — Pression atmosphérique, 110°, 12 en 12 heures.**

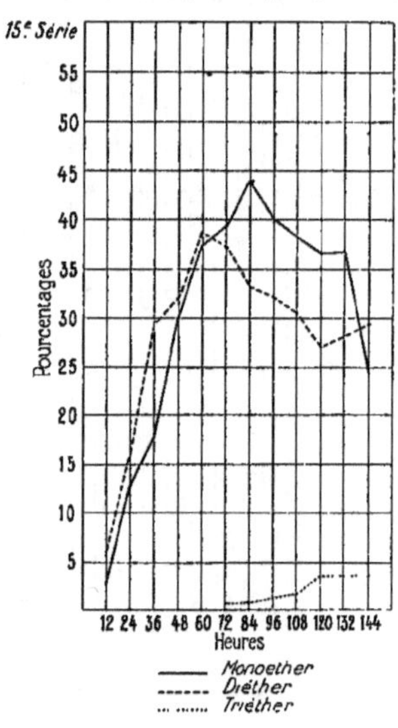


**16ᵉ Série. — Pression réduite (12 à 15 m/m), 110°, 12 en 12 h.**

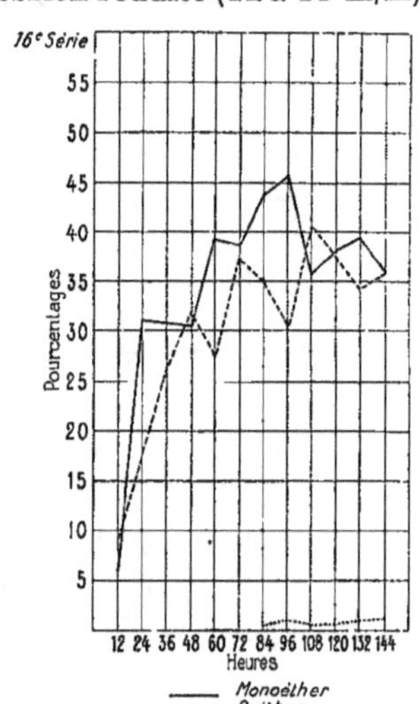


4

*Ethérification d'un mélange équipondéral de PO⁴H³*
*à 60 % et de glycérine à 28° B.*

**17ᵉ Série. — Pression atmosphérique, 130ᵒ, 1 à 12 heures.**

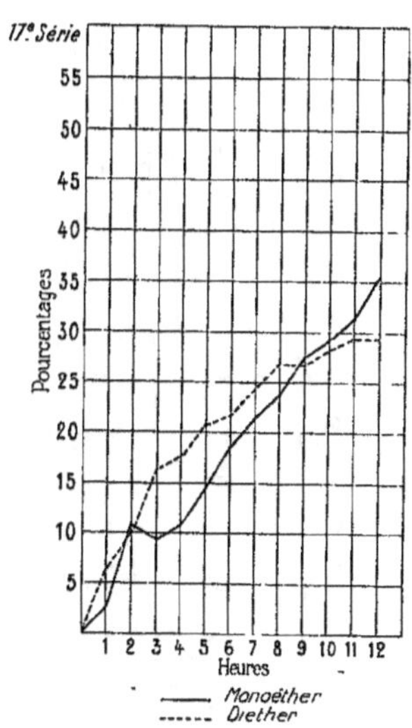



**18ᵉ Série. — Pression réduite (12 à 15 m/m), 130ᵒ, 1 à 12 h.**

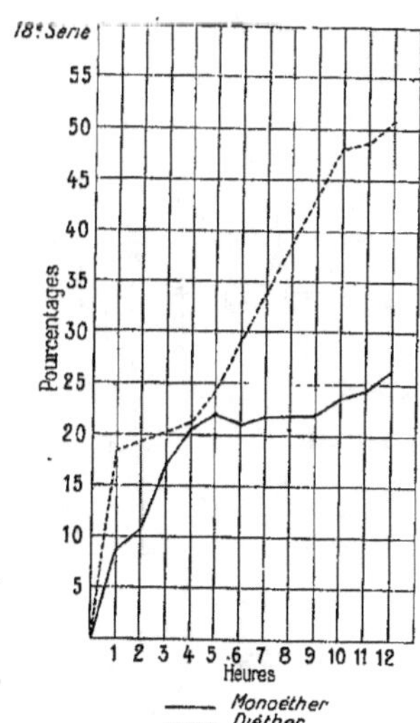

*Ethérification d'un mélange équipondéral de PO⁴H³*
*à 6') % et de glycérine à 28° B.*

**19ᵉ Série. — Pression atmosphérique, 130°, 12 en 12 heures.**

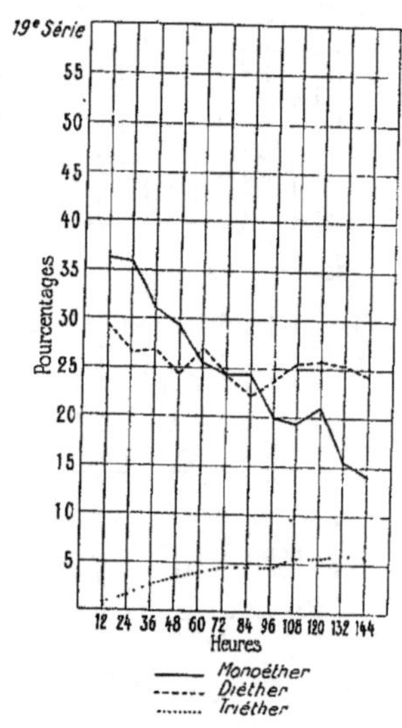


**20ᶜ Série. — Pression réduite (12 à 15 m/m), 130°, 12 en 12 h.**

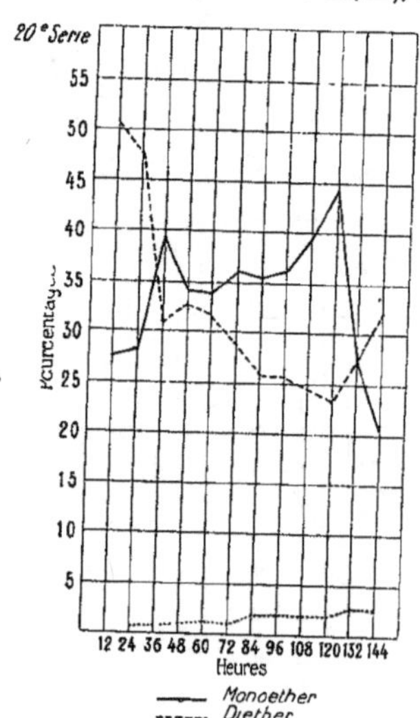

*Ethérification d'un mélange équipondéral de PO⁴H³*
*à 60 % et de glycérine à 28° B.*

**21ᵉ Série. — Pression atmosphérique, 150°, 1 à 12 heures.**

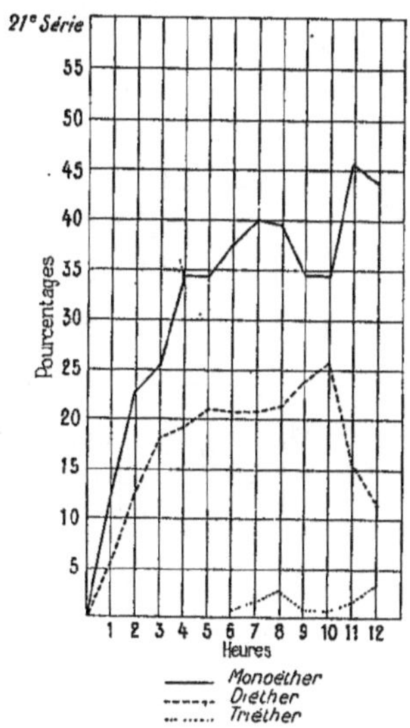


**22ᵉ Série. — Pression réduite (12 à 15 m/m), 150°, 1 à 12 h.**

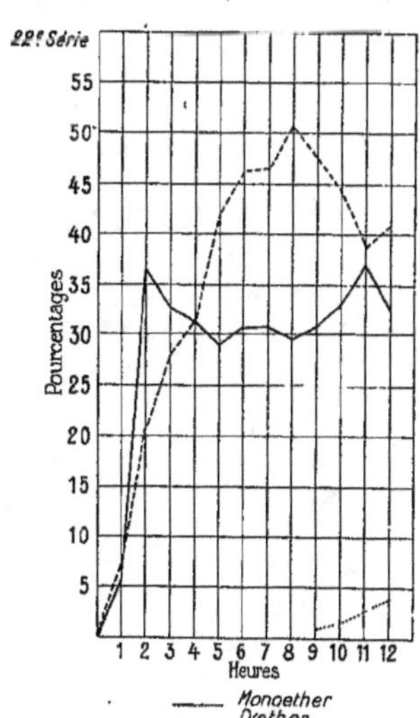

*Ethérification d'un mélange équipondéral de PO⁴H³
à 60 % et de glycérine à 28° B.*

---

**23ᵉ Série. - Pression atmosphérique, 150°, 12 en 12 heures.**

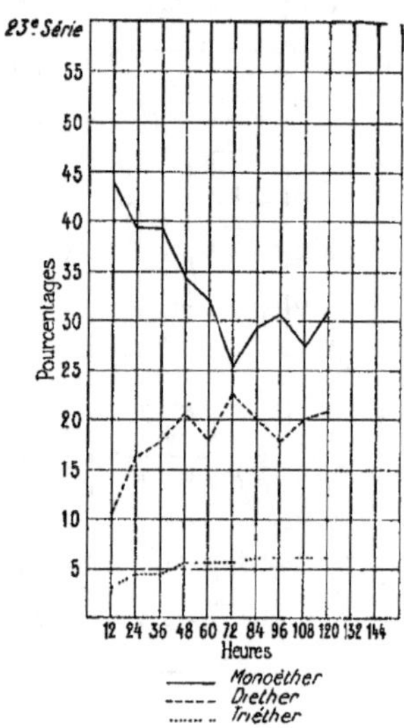



---

**24ᵉ Série. — Pression réduite (12 à 15 m m), 150, 12 en 12 h.**

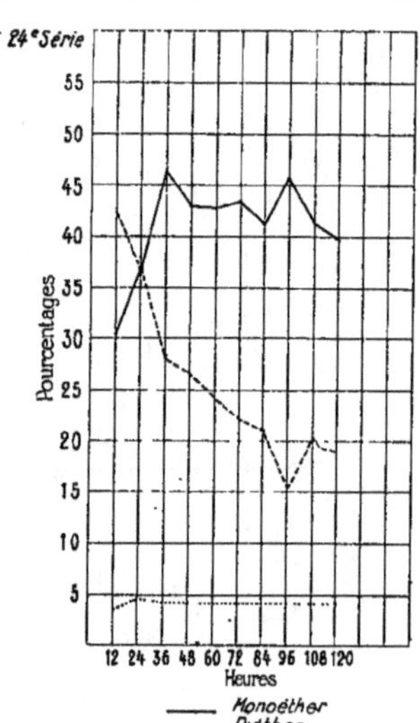

Les résultats que je viens de faire ressortir m'amènent à conclure qu'il n'est pas nécessaire de recourir à un acide très concentré, et que l'acide phosphorique à 60 0/0 peut être utilement employé, ainsi que je l'avais indiqué en 1894. Cependant une modification s'impose dans ce cas, celle d'adopter la température de 130° au lieu de 110°. Je me plais, d'ailleurs, à reconnaître que j'ai déjà, à la suite de mes expériences de laboratoire, modifié dans ce sens le procédé industriel que j'ai publié et que les résultats obtenus sont des plus satisfaisants.

D'un autre côté, je crois que la température de 110°, que j'avais primitivement conseillée, est suffisante si l'on a recours à des corps plus concentrés, soit l'acide phosphorique à 85 0/0 et la glycérine à 30° B.

Une autre conclusion qui ressort des faits ci-dessus exposés est que, si l'on désire obtenir une éthérification riche en diéther, il suffit de recourir à la température de 130°, sous pression réduite. Quant à la durée de l'opération, elle doit être aussi courte que possible, soit 12 heures environ, dans les expériences de laboratoire. Il est évident que cette durée de l'opération ne peut être prise, au point de vue général, comme une sorte de critérium, puisque les résultats exposés précédemment montrent que les vitesses sont soumises aux conditions connexes de température, de pression, de masse, etc. Si l'on poursuivait trop loin l'éthérification, on observerait, ainsi qu'il est facile de s'en rendre compte sur tous les graphiques qui précèdent, une rétrogradation presque immédiate du phénomène, lorsque la limite est atteinte. Il y a bien, postérieurement, une sorte de reprise, mais n'empêche que la quantité totale d'acide phosphorique éthérifié diminue graduellement.

Il y a rétrogradation, et la cause de ce phénomène est que, lorsque la limite d'éthérification est atteinte, la prolongation de l'action de la chaleur amène une saponification partielle des éthers formés qui vient se compliquer de la décomposition de la glycérine. En effet, ce dernier corps, en contact avec l'acide phosphorique, dont l'action déshydratante se fait sentir dès le début de l'opération, finit par se décomposer en acroléine, par perte de deux molécules d'eau :

$$CH^2OH - CHOH - CH^2OH = CH^2 = CH - CH ) + 2H^2O$$

Le résultat est marqué par la diminution de la quantité totale d'acide phosphorique éthérifié.

Si l'action de la chaleur est continuée, après cette décomposition partielle des éthers, une nouvelle éthérification de l'acide phosphorique mis en liberté se produit, grâce peut-être à la glycérine qui se trouve en excès dans la masse et qui n'a pas encore réagi. Telle serait probablement la cause de la légère reprise que j'ai signalée.

## II

Mise en pratique, pour la fabrication industrielle du glycérophosphate de chaux, des déterminations théoriques exposées
dans le chapitre précédent. Description détaillée du procédé
suivi et des appareils adoptés. Considérations sur les causes
qui font varier les rendements.


Je ne crois pas utile de retracer ici l'historique
développé de l'acide glycérophosphorique qui fut
découvert et préparé synthétiquement par Pelouze
en 1846, et obtenu à peu près à la même époque par
Gobley, en partant de la lécithine de l'œuf, c'est-à-dire
analytiquement.

Il me suffira de passer rapidement en revue les
différents procédés, plus ou moins pratiques, qui ont
été indiqués pour l'obtention du glycérophosphate de
chaux, à la suite de la publication que j'ai faite en 1894.
J'ai expérimenté tous ces procédés, et j'ai pu me
rendre compte de leur valeur par les rendements
obtenus.

Le premier en date est celui de M. Lambotte (1),
qui peut se résumer ainsi :

« On prend :

« Acide phosphorique glacial en poudre.  250 gr.
« Glycérine officinale. . . . . . . .  500  »

(1) Extrait du *Répertoire de pharmacie*, 1895, p. 152.

« On délaie l'acide dans la glycérine ; *on chauffe à*
« *feu nu* dans une capsule, et on porte à l'ébullition ;
« l'acide se dissout rapidement dans la glycérine,
« et la masse se colore en émettant d'abondantes
« vapeurs ; la réaction est terminée au bout d'une
« demi-heure environ. On laisse refroidir *un peu ;*
« puis on ajoute de l'eau pour dissoudre la masse, et
« on laisse refroidir ; à la solution froide, on ajoute de
« la *chaux éteinte en poudre* ou du lait de chaux en
« quantité suffisante pour neutraliser. (Il faut environ
« 127 grammes de chaux éteinte.)

« M. Lambotte conseille de conserver plutôt une
« *légère* acidité que de l'alcalinité, parce que, au moyen
« du lavage à l'alcool, qui sera ultérieurement pra-
« tiqué, il sera facile d'enlever l'excès d'acide glycéro-
« phosphorique, tandis que, s'il y a excès de chaux,
« celle-ci sera précipitée par l'alcool avec le glycéro-
« phosphate de chaux, de sorte qu'on aura un produit
« alcalin.

« Après la neutralisation effectuée dans les condi-
« tions ci-dessus indiquées, on filtre sur une flanelle
« mouillée ; on délaie de nouveau le magma resté sur
« le filtre avec de l'eau, et on filtre ; on réunit les
« liqueurs et on les traite par l'alcool *fort*, en assez
« grande quantité pour précipiter tout le glycérophos-
« phate de chaux ; on agite ; on laisse déposer et on
« filtre au papier ; le précipité qui se trouve sur le
« filtre est délayé ensuite avec du nouvel alcool fort,
« afin de le débarrasser des traces de glycérine qu'il
« peut encore renfermer ; on filtre de nouveau ; les

« liqueurs alcooliques sont soumises à la distillation
« pour retirer l'alcool ; quant au glycérophosphate de
« chaux, on le dessèche à l'air libre ou à l'étuve. »

Un autre procédé a été donné par M . le D^r Delage (1), procédé qui permet d'obtenir l'acide glycérophosphorique en quelques minutes.

« On prend une partie d'acide phosphorique à
« 60 0/0 ; on le mélange avec une partie et demie de
« glycérine à 28° ; on chauffe modérément ; la
« température, suivie toutes les 5 minutes, s'élève à
« 120° et, à ce moment, le liquide entre en ébullition
« et se colore en jaune clair ; la température continue
« à monter et arrive peu à peu à 190° ; la masse
« devient sirupeuse, prend une teinte brunâtre et
« dégage des vapeurs d'acroléine. On retire du feu ;
« on laisse refroidir. On ajoute par petites portions
« 30 grammes du produit obtenu dans un lait de
« carbonate de chaux contenant 50 grammes de cc
« produit pour 250 grammes d'eau ; on agite, et après
« un contact de six heures on filtre ; à la liqueur
« ainsi obtenue, limpide et légèrement jaunâtre, on
« ajoute la moitié de son volume d'alcool à 90° ; il
« se forme un précipité floconneux qu'on recueille
« sur un filtre, qu'on lave à l'alcool à 90° et que l'on
« reprécipite par l'alcool. Le produit est desséché à
« une température aussi basse que possible.

« M. Delage signale qu'ayant eu l'idée d'évaporer
« les liqueurs alcooliques qui ont servi au lavage du

(1) *Répertoire de pharmacie*, 1896, pp. 198 et suivantes.

« glycérophosphate, il a obtenu un résidu se présen-
« tant sous forme d'une masse gélatineuse, contenant
« du glycérophosphate de chaux non précipitable par
« l'alcool, mais précipitable par la chaleur. »

Le troisième procédé qui a été publié sur cette
question est celui de M. le professeur Léon Prunier,
qu'il décrit comme suit dans son traité intitulé *les
Médicaments chimiques* (Masson, éditeur, t. I$^{er}$, p. 518,
1896) :

« D'après nos expériences, on peut se procurer très
« commodément du glycérophosphate de chaux,
« mélangé d'abord de phosphate acide de chaux, en
« traitant directement le phosphate bicalcique par son
« poids d'acide phosphorique, ajoutant de la glycé-
« rine et chauffant le tout à 150° dans un appareil à
« reflux. Quand on constate la formation de vapeurs
« d'acroléine, on arrête le feu. La masse blanche
« jaunit très légèrement (nuance crème).

« Si l'on chauffait davantage, elle ne tarderait pas
« à brunir. Dans ces conditions, tout se dissout faci-
« lement dans l'eau, et il suffit d'ajouter de l'alcool
« fort pour séparer le glycérophosphate insoluble de
« l'excès de glycérine, d'acide et de phosphate acide
« qui restent en dissolution. Il n'y a plus qu'à sécher
« le produit. »

Les rendements que j'ai obtenus en partant de ces
divers procédés ont été tels qu'ils me paraissent
inutilisables pour la préparation du glycérophosphate
de chaux, car aucun des produits isolés n'était exempt
de phosphates. En outre, tous les résultats que j'ai

publiés dans les pages précédentes démontrent qu'en suivant les deux premiers procédés que je viens de transcrire, il est impossible d'obtenir une éthérification réelle en un temps si court.

Un quatrième procédé, d'un caractère plus industriel, a été exposé dans le Dictionnaire de Wurtz (2e supplément, t. IV, p. 817) ; en voici le détail :

« Un mélange de 150 kilos de glycérine à
« 28° B. (94 0/0) (?) et de 180 kilos de $PO^4H^3$ à 60°
« $\left(\begin{smallmatrix}66\ \%\ \text{anhydride}\\85\ \%\ \text{de } PO^4H^3\end{smallmatrix}\right)$ est chauffé dans une marmite émaillée
« à 150° pendant un jour, puis à 115°-125° pendant
« trois jours. Après refroidissement, on étend de deux
« volumes d'eau, on décolore au noir animal et l'on
« neutralise d'abord par le $CO^3Ca$, puis par un lait
« de chaux. Le liquide filtré est d'abord concentré
« dans le vide, puis additionné d'alcool ; le précipité
« est enfin lavé et séché.

« On obtient ainsi 33 kilos de glycérophosphate de
« chaux (15 kilos de produit exigent deux jours de
« travail et 300 kilos de charbon).

« On voit que les rendements en glycérophosphate
« de chaux sont loin de correspondre aux quantités
« de $PO^4H^3$ éthérifiées. »

Ces divers procédés, même le dernier décrit, ne donnent pas des résultats comparables, ainsi qu'on le verra plus loin, à ceux que fournit le mode opératoire que j'ai exposé en 1894 et qui est le suivant :

*Préparation du glycérophosphate de chaux.*

Acide phosphorique liquide à 60 %. . .   3 kilos
Glycérine pure à 28° . . . . . . . . .   3 kg.600

Maintenir à une température de 100° à 110° pendant six jours consécutifs, en agitant trois ou quatre fois par jour.

La masse commence à se colorer au bout du deuxième jour et à émettre des vapeurs. Le cinquième jour, elle est de couleur brune et cesse de fumer. Le septième jour, le mélange est mis à refroidir ; la masse devient alors visqueuse et transparente.

Après refroidissement complet, on sature l'acidité par un lait de carbonate de chaux préparé en délayant 500 grammes de carbonate de chaux précipité dans 2 kilos d'eau. Le mélange obtenu, on laisse déposer deux ou trois heures, puis on ajoute à nouveau, peu à peu, du lait de carbonate de chaux de composition identique à la précédente, jusqu'à ce que la plus grande partie de l'acidité soit saturée. (Il faut deux jours environ pour arriver à ce point.)

Au bout de ce temps, on filtre, et la liqueur filtrée est amenée à exacte neutralité avec un lait de chaux éteinte ; on filtre au papier, puis on précipite avec de l'alcool à 90°.

Le précipité formé se dépose très rapidement ; on décante au bout d'une heure environ ; on fait égoutter le précipité et on l'essore complètement. On le redissout dans l'eau froide ; on filtre et on évapore à très basse température.

Ainsi qu'on le voit, ce mode opératoire, que j'ai d'ailleurs modifié à la suite de mes dernières expériences de laboratoire, est assez simple. Au moment où il a paru, il fut critiqué sur la durée des opérations ; il était cependant basé sur les expériences multiples que j'avais faites et permettait d'obtenir des rendements en glycérophosphate de chaux déjà très appréciables.

Au cours des recherches sur l'éthérification qui ont été le but principal de ce travail, je me suis rendu compte que l'on pouvait éviter industriellement l'emploi de la pression réduite pour l'éthérification des masses considérables sur lesquelles on agit. En effet, les éthérifications très nombreuses que j'ai effectuées industriellement donnent des résultats très voisins de ceux que l'on obtient sous pression réduite à même température. Ainsi, les limites d'éthérification de l'acide phosphorique à 60 0/0, à la température de 130°, sont de 80 0/0 dans mes expériences de laboratoire, et de 76 0/0 dans mes éthérifications industrielles.

Pour arriver à ce dernier résultat, je fais usage d'une étuve à air chaud de grande capacité, construite en briques réfractaires. Le chauffage est assuré au moyen d'une cloche à coke, munie d'une tuyauterie qui parcourt toute l'étuve et assure ainsi une répartition sensiblement égale de la chaleur. L'aération s'opère au moyen de ventouses percées à la partie inférieure du mur de l'étuve, et d'un tuyau d'appel qui atteint plusieurs mètres de hauteur au-dessus du toit. L'étuve est garnie intérieurement de casiers en fer sur lesquels reposent des cuvettes rectangulaires en fonte émaillée, de très grande surface et de profondeur minime (3 centimètres au maximum).

L'épaisseur de la couche du mélange équipondéral d'acide phosphorique à 60 0/0 et de glycérine à 28° n'est pas supérieure à 1 centimètre dans chaque cuvette. Quant au nombre de ces dernières, il est de 80, réparties sur les divers casiers en fer.

La durée du chauffage de la masse, qui primitivement était de 6 jours, à la température de 100° à 110°, n'est plus actuellement que de 36 heures environ, mais à la température de 130° ; celle-ci est suivie de l'extérieur de l'étuve, grâce à un thermomètre à cadran. Le dispositif adopté permet que la déshydratation de la masse se fasse facilement et rapidement, sans avoir à recourir à la pression réduite. En effet, dès les premières heures de chauffage, on voit sortir par le tuyau d aération des torrents de vapeur.

Au bout de 36 heures l'éthérification atteint sa limite, soit 76 0/0 environ.

Dans cette opération industrielle, j'agis sur une masse de 250 kilos, et je dois dire que, grâce au développement considérable de la surface d'évaporation, l'éthérification se fait sans soubresauts et très rapidement. Quant au produit, il contient une proportion élevée de diéther ; c'est, à mon avis, un point très important, car j'estime que, le sel du diéther étant le plus soluble, et par cela même le plus assimilable, il y a un réel intérêt à suivre un procédé rationnel d'éthérification permettant de l'obtenir en quantité très notable. La quantité de triéther formée est très minime (3 à 4 0/0 au maximum).

Lorsque l'éthérification est terminée, on laisse refroidir l'étuve, puis on retire les cuvettes et on réunit dans une cuve en fonte émaillée de grande dimension le mélange éthérifié. On le met en contact avec une minime quantité d'eau froide, en remuant fréquemment, puis on sature avec du carbonate de chaux en poudre que l'on ajoute par petites portions. La durée de cette première saturation est d'environ 24 heures. On termine l'opération en diluant le mélange et l'amenant à légère alcalinité au tournesol, et à neutralité à la phtaléine au moyen d'un lait de chaux.

Le phosphate de chaux, qui s'est formé en grande quantité pendant l'opération, est séparé par soigneuse filtration, puis le liquide clair est précipité par quatre volumes d'alcool à 90°. Le précipité formé se rassemble facilement ; on l'essore avec soin ; on le lave de nouveau avec de l'alcool à 90°, pour éviter la présence de glycérine, et on le sèche à très basse température (50° maximum); enfin on le pulvérise. Le poids moyen du glycérophosphate de chaux obtenu en partant de 125 kilos d'acide phosphorique à 60 0/0 et de 125 kilos de glycérine à 28° B. est de 75 kilos environ, soit 62 0/0 du rendement théorique pour une éthérification de 76 0/0.

Le rendement que j'obtenais, avant les modifications que j'ai adoptées à la suite de mes dernières expériences de laboratoire, était de 55 kilos environ. Ce poids représente à peu près 49 0/0 du rendement théorique ; il est encore supérieur à celui donné dans le Dictionnaire de Wurtz (*loc. cit.*) qui n'est que de 14 0/0, en admettant une éthérification totale de 70 0/0 dans les deux cas.

Cette insuffisance des rendements m'a amené à examiner cette question de plus près, et à rechercher les causes des pertes considérables qui ressortent des chiffres ci-dessus, chiffres bien loin de correspondre aux pourcentages d'éthérification constatés à l'analyse. Plusieurs hypothèses me paraissent se présenter : défaut dans les opérations de saturation ; formation d'un sel basique insoluble ; insuffisance de lavage du précipité de phosphate. J'ai examiné ces différents points.

Divers auteurs, dans l'espoir d'obtenir de meilleurs rendements, se basant sur la stabilité relative de la solution de monoéther à froid, avaient conseillé d'essayer, au cours de la saturation, de faire repasser la plus grande partie possible de diéther en monoéther. Dans ce but, ils préconisaient un contact prolongé du mélange éthérifié avec le carbonate de chaux en présence de l'eau.

Ce mode opératoire, outre qu'il n'augmente les rendements que dans une proportion minime, a le défaut de produire un sel riche en monoéther, et partant beaucoup moins soluble.

Afin d'éviter au contraire, dans la mesure du possible, la saponification du diéther, je suis d'avis de traiter le mélange éthérifié avec la quantité d'eau froide juste suffisante pour l'amener à l'état sirupeux et pouvoir le mélanger avec du carbonate de chaux précipité et sec. La réaction, qui ne demande qu'un temps assez court, s'effectue parfaitement ; quant au diéther qui, à ce moment, est passé à l'état de sel acide, il est devenu beaucoup plus stable vis-à-vis de l'eau. Aussitôt l'effervescence terminée, on peut donc ajouter sans inconvénient la quantité d'eau nécessaire et terminer la saturation avec un lait de chaux.

Il a été, à ce sujet, indiqué d'employer la phtaléine comme indicateur de la limite de la saturation. Une expérience de laboratoire que j'ai faite sur une solution de monoéther pur (pour éviter la précipitation du phosphate de chaux) m'a montré que, si l'on poursuit la saturation avec de l'eau de chaux jusqu'au virage à la phtaléine, il se produit, avant d'arriver à ce point, un précipité très notable, constitué par du glycérophosphate de chaux basique. Il y a là une cause de perte qui n'est pas négligeable, et j'estime en conséquence qu'il est utile d'arrêter la saturation à la neutralité au tournesol, qui permet d'obtenir un sel plus soluble et d'éviter l'inconvénient auquel je viens de faire allusion.

La troisième hypothèse qui peut expliquer la diminution des rendements est basée sur l'insuffisance du lavage du précipité de phosphate de chaux.

Afin d'éclaircir ce point, j'ai fait l'essai suivant : j'ai

prélevé la sixième partie d'un mélange éthérifié ; je l'ai saturée très exactement avec le carbonate de chaux (virage à l'hélianthine) ; j'ai poursuivi la saturation avec un lait de chaux, et je l'ai terminée avec de l'eau de chaux (teinte rouge vineux au tournesol). Je n'avais de cette façon excès ni de carbonate de chaux ni de chaux. Après avoir séparé par filtration la solution de glycérophosphate de chaux, j'ai essoré à la trompe le précipité de phosphate formé, je l'ai lavé avec une petite quantité d'eau, et je l'ai soumis à l'action de la presse, pour en extraire tout le liquide qu'il retenait. D'un autre côté, j'ai, à deux reprises différentes, mis le précipité de phosphate de chaux en suspension dans 10 fois son poids d'eau, et, après filtration, je l'ai essoré à la trompe et soumis de nouveau à l'action de la presse. Tous les liquides obtenus par ces divers traitements ont été réunis à la solution primitive de glycérophosphate de chaux, et le tout a été précipité par l'alcool. J'ai obtenu un rendement de 375 grammes pour ce sixième du mélange éthérifié. Les cinq autres sixièmes, traités d'autre part par la méthode habituelle que j'ai exposée, ne m'ont donné qu'un rendement de 1.560 grammes.

Il y a eu donc, à la suite du traitement du précipité du phosphate de chaux par l'eau, une augmentation importante du rendement. Ceci montre qu'une partie notable de glycérophosphate de chaux (qui est, d'ailleurs, constituée par du sel de monoéther) reste incluse pour ainsi dire dans la masse du précipité de phosphate. Pour obtenir un rendement qui soit augmenté dans des proportions intéressantes, il peut donc être avantageux de faire le traitement que je viens d'indiquer. Si je n'y ai pas recours, c'est que je préfère obtenir un sel moins chargé de monoéther, mais aussi plus soluble.

Afin de déterminer de façon aussi précise que possible le rapport qui existe entre les rendements réels et les rendements théoriques, suivant le mode opératoire appliqué à la préparation du glycérophosphate de chaux, j'ai fait parallèlement trois éthérifications industrielles que je résume ci-après.

Pour chacune d'elles, la température a été de 130° et le poids des masses mises en réaction de 16 kg. 800, soit 8 kg. 400 d'acide phosphorique à 60 0/0 et 8 kg. 400 de glycérine à 28° B. La deuxième éthérification a été divisée en deux parties égales, qui ont été saturées chacune de façon différente.

| Ethérifica-tions | Pourcentages d'acide éthérifié | MODES DE TRAITEMENT | Rendements théoriques | Rendements obtenus | Rapports entre les rendements |
|---|---|---|---|---|---|
| 1o | D = 29.5 %<br>M = 46 %<br>———<br>75.5 % | La saturation a été effectuée en suivant le procédé que j'ai publié en 1894. Cette éthérification a été faite pour servir de terme de comparaison et pour faire ressortir les modifications apportées dans les suivantes. | 8 kos 150 | 5 kos 030 | 61 % |
| 2o | D = 31.5 %<br>M = 45 %<br>———<br>76.5 % | **PREMIÈRE PARTIE**<br><br>A été pendant la saturation traitée par quantité d'eau double de celle employée de coutume. Saturation faite exactement avec $CO_3Ca$ (virage à l'hélianthine) et terminée avec eau de chaux (virage au tournesol).<br><br>———<br><br>**DEUXIÈME PARTIE**<br><br>A été mise en contact après éthérification avec son poids d'eau à 35° pendant 24 heures. L'éthérification après ce traitement était :<br><br>D = 6<br>M = 69 } 75 %<br><br>La saturation a été faite comme ci-dessus. | 4 kos 110<br><br><br><br><br><br>4 kos 045 | 2 kos 520<br><br><br><br><br><br>2 kos 700 | 60.5 %<br><br><br><br><br><br>65 5 % |
| 3o | D = 34 %<br>M = 39 %<br>———<br>73 % | La saturation a été effectuée avec carbonate de chaux à l'état sec, et terminée comme de coutume. | 7 kos 875 | 4 kos 940 | 63.25 % |

Les résultats qui précèdent confirment que, si l'on veut obtenir un rendement réel satisfaisant, ainsi qu'un sel aussi soluble que possible, il est utile de suivre exactement le mode opératoire modifié que j'ai décrit ci-dessus, puisque l'on obtient ainsi un rendement d'environ 62 0/0 de celui donné par la théorie. D'un autre côté, en procédant à l'épuisement par l'eau du précipité de phosphate de chaux, ainsi que je l'ai indiqué précédemment, on arrive à un rendement qui est intéressant, il est vrai, mais le produit obtenu est beaucoup moins soluble et constitué, l'analyse le démontre, par du sel de monoéther en notable proportion.

Ces différents essais ainsi que le travail de MM. Frédéric Belding Power et Franck Tutin (1) m'ont conduit à chercher expérimentalement la séparation des sels de monoéther et de diéther, ou tout au moins l'enrichissement en sel de diéther du glycérophosphate de chaux que j'obtenais.

Le premier essai de séparation fut tenté en appliquant la méthode suivante.

Je pris du glycérophosphate de chaux qui, séché à 120°, contenait 14.14 0/0 de Ca. 80 grammes de ce produit furent introduits dans un appareil spécial avec 500 centimètres cubes d'eau. Après avoir chargé ce mélange d'acide carbonique sous pression, je laissai en contact pendant 12 heures, en agitant fréquemment. Au bout de ce temps, je filtrai rapidement la solution

(1) *The relation between natural and synthetical glycerylphosphoric Acids*, *Journal of the Chemical Society*, march 1905.

obtenue et j'en prélevai 10 centimètres cubes. Ces 10 centimètres cubes ont laissé à l'évaporation un résidu qui, desséché à 120°, pesait 1 gr. 160. Le dosage de la chaux contenue dans ce résidu fut effectué par précipitation directe. J'obtins 13.38 0/0 de Ca. Le principe était, dans cette expérience, de rechercher si la solubilité des deux sels était la même dans une eau chargée d'acide carbonique.

On voit par le résultat qui précède que la séparation que j'espérais ne fut pas réalisée, puisque le résidu de l'opération contenait presque la même proportion de Ca que le sel dont j'étais parti. En effet, le sel de chaux du monoéther exige 19.04 0/0 de Ca, et le sel du diéther 11.56 0/0, car ils répondent aux formules suivantes :

Sel de calcium du monoéther

$$O = P {\overset{\displaystyle /O\ -\ CH^2\ -\ CHOH\ -\ CH^2OH}{\underset{\displaystyle \backslash O}{-O\backslash}}}\ Ca$$

Sel de calcium du diéther

$$O = P {\overset{\displaystyle /O\ -\ CH^2\ -\ CHOH}{\underset{\displaystyle \backslash O\ -\ Ca\ ^{1/2}}{-O\ -\ CH^2}}}$$

Une deuxième expérience fut tentée dans le même sens, mais en utilisant une solution de citrate d'ammoniaque comme dissolvant. 10 grammes de citrate d'ammoniaque furent dissous dans 25 centimètres cubes d'eau distillée. 10 grammes de glycérophosphate de chaux, contenant mélangés des sels des deux éthers, furent triturés au mortier avec la solution de citrate. Contrairement à ce que j'espérais, le glycérophosphate de chaux fut entièrement dissous ; mais, fait à signaler, au bout de 24 heures, il s'était passé une sorte de décomposition, et la solution était prise en une masse compacte, très difficilement attaquable par l'eau. Le résultat de ce deuxième essai fut donc encore une déception.

Me basant alors sur l'action qu'exerce la chaleur sur le glycérophosphate de chaux en solution, j'ai eu recours à cet agent physique. Une solution de glycérophosphate de chaux constitué par un mélange de sels des deux éthers en proportions assez élevées fut soumise pendant une demi-heure environ à la température de 90°. Après soigneuse filtration pour séparer le précipité formé sous l'action de la chaleur, la solution encore tiède fut précipitée par l'alcool à 90°. Le premier précipité (formé par l'action de la chaleur) contenait 18 0/0 de Ca ; le deuxième précipité (formé par l'action de l'alcool) contenait 13.61 0/0 de Ca. On voit donc que, dans le premier cas, le précipité était constitué en majeure partie par du sel de monoéther, tandis que, dans le second cas, il contenait surtout du sel de diéther ; mais le résultat final était toujours un mélange.

La séparation des deux éthers en partant du sel de chaux ne m'ayant pas donné entière satisfaction, j'ai voulu utiliser d'autres dérivés métalliques.

Le premier auquel je me suis adressé était le sel de plomb, que j'avais préparé déjà à plusieurs reprises pour obtenir le mélange des deux éthers absolument exempt de glycérine en excès et d'acide phosphorique.

J'ai préparé dans le même but un autre sel, le gly-cérophosphate d'argent, qui se présente sous forme de belles paillettes cristallines, sur lesquelles la lumière paraît avoir peu d'action.

Ces deux sels ne m'ont pas encore donné le résultat que j'espérais.

Ces diverses tentatives m'ont fait prévoir que, dans la séparation des deux éthers, même en arrivant à un enrichissement presque total en sel de diéther, la fragilité relative de ce dernier en solution aqueuse empêcherait toujours de l'isoler à l'état de pureté.

J'ai donc pensé à recourir à un solvant autre que l'eau, et, me basant sur l'insolubilité dans l'acétone du sel neutre de quinine dérivé du monoéther (Carré, *loc. cit.*), j'ai préparé le sel neutre de quinine des deux éthers.

Je suis parti d'une éthérification riche en diéther que j'ai transformée en sel de plomb, puis décomposée par l'hydrogène sulfuré à froid et en présence d'une quantité d'eau minime, privée d'air pour éviter toute oxydation.

L'excès d'hydrogène sulfuré a été chassé à froid par un courant d'acide carbonique, et la solution aqueuse très concentrée des deux éthers a été transformée en sel neutre de quinine au moyen d'une solution alcoolique de quinine fraîchement précipitée. Il s'est formé un précipité abondant qui a été recueilli, lavé à l'eau avec le plus grand soin, essoré à la trompe, et enfin lavé à l'éther pour enlever toute trace de quinine en excès. Ce sel, après dessiccation à 100°, contenait

75.88 0/0 de quinine et paraissait formé d'un mélange du sel du monoéther (qui contient 79.2 0/0 de quinine) et du sel de diéther (qui contient 67.9 0/0 de quinine).

Pour opérer la séparation des sels des deux éthers, j'ai mis en contact 10 grammes de sel neutre de quinine, préalablement séché à 100°, en présence de 250 centimètres cubes d'acétone purifiée. J'ai chauffé pendant six heures au bain-marie dans un appareil à reflux à la température de 65°, puis j'ai jeté sur un filtre pour séparer du liquide la partie non dissoute.

J'ai évaporé l'acétone au bain-marie dans une capsule tarée et le résidu laissé par ce liquide a été de 2 gr. 65. A l'analyse, le produit obtenu contenait, après dessiccation à 100°, 71 0/0 de quinine. Il n'y a donc pas eu séparation des sels des deux éthers, mais uniquement enrichissement en sel de diéther.

## III

Etude sur le glycérophosphate de chaux du commerce.
Recherches sur son état d'hydratation, sa solubilité, sa composition.

---

Au cours des expériences que j'ai faites, il m'a paru
intéressant d'étudier les caractères des différents glycérophosphates de chaux que l'on trouve dans le commerce, et de les comparer avec celui obtenu en suivant le procédé de préparation que j'ai décrit ci-
dessus.

Je me suis procuré 8 échantillons de glycérophosphate de chaux, dont 6 de provenance française et 2
de provenance étrangère. J'ai déterminé pour chacun
d'eux :

1° La solubilité dans l'eau à + 15° ;
2° La réaction au tournesol ;
3° La teneur en Ca ;
4° L'humidité à 120°.

Je résume dans le tableau suivant les résultats que
j'ai obtenus:

| Echantillons | Solubilité % à + 15° | Réaction | Teneur en Ca | Humidité % |
|---|---|---|---|---|
| N° 1 G.P. | 6.71 | alcaline | 12.90 | 8.95 |
| N° 2 (1) | *10.54* | *acide* | 15.07 | 13.95 |
| N° 3 | 5.78 | alcaline | 16.06 | 8.75 |
| N° 4 | 5.81 | alcaline | 15.06 | 11.50 |
| N° 5 | 5.35 | alcaline | 15.93 | 11.10 |
| N° 6 | 5.15 | alcaline | 16.16 | 7.85 |
| N° 7 | 4.26 | alcaline | 15.80 | 11.60 |
| N° 8 (1) | *9.27* | *acide* | 14.37 | 9.90 |
| N° 9 (crist.) | 1.66 | alcaline | 18.76 | 0.003 |

Des chiffres qui précèdent il résulte que la majeure partie des glycérophosphates de chaux du commerce sont des mélanges de sels de monoéther et de diéther, en proportions variables. Cependant, l'échantillon n° 1, qui est le glycérophosphate de chaux que je prépare, constitue un produit contenant en proportion très marquée du sel de diéther, puisque sa teneur en Ca est de 12.90 0/0, chiffre voisin de la teneur théorique 11.56 0/0. De plus, sa solubilité est supérieure à celle des autres échantillons, à l'exception de ceux de provenance étrangère. L'échantillon n° 9, qui est très peu soluble dans l'eau (1.66 0/0), et dont la teneur en Ca est de 18.76 0/0, me paraît constituer du sel de monoéther presque pur, puisque la teneur théorique de celui-ci en Ca est de 19.04 0/0.

La conclusion qui me paraît ressortir de ce court exposé, c'est que le procédé de préparation que je

(1) Ces produits sont de provenance étrangère et contiennent de l'acide citrique pour augmenter leur solubilité. Cet acide a été décelé par le procédé Denigès après séparation par l'alcool, évaporation et reprise du résidu par l'eau.

préconise permet d'obtenir un glycérophosphate de chaux qui, par sa solubilité et sa teneur en Ca par rapport au phosphore, me paraît répondre aux exigences de la physiologie.

Nota. — L'échantillon nº 9, produit de collection, avait été fabriqué, d'après les renseignements certains qui m'ont été fournis, en prenant la lécithine comme point de départ.

## IV

Préparation des glycérophosphates mercureux et mercurique.
Identification des produits obtenus.

---

Les sels de mercure de l'acide glycérophosphorique,
qui n'avaient pas encore été préparés, à ma connaissance tout au moins, m'ont paru par leur composition
même mériter d'être étudiés.

La présence dans leur molécule de l'acide glycérophosphorique déjà si employé en thérapeutique sous
forme de différents composés, et leur importante
teneur en mercure ne pourraient-elles pas les indiquer
comme physiologiquement utilisables ?

J'ai d'abord songé à saturer directement l'acide glycérophosphorique par l'oxyde jaune de mercure fraîchement précipité. J'obtins le premier corps en partant du sel de chaux, transformé en sel de plomb par
double décomposition et puis régénération subséquente
par l'hydrogène sulfuré de l'acide glycérophosphorique
à l'état de pureté. Outre que le rendement en sel de
mercure était insignifiant, celui-ci était constitué par

un mélange de sel au maximum et de sel au minimum.

Le résultat obtenu ne me satisfaisant pas, j'eus recours au glycérophosphate de chaux, qui d'ailleurs est le sel le plus couramment employé, et celui que j'avais étudié de façon particulière.

Voici, résumés, les divers procédés par double décomposition que j'ai successivement essayés :

A. *Sel au minimum.*

1° Double décomposition d'une solution nitrique d'acétate mercureux (52 gr.) par une solution aqueuse de glycérophosphate de chaux (23 gr.).

Il ne se forme aucun précipité. On obtient la précipitation du glycérophosphate mercureux par addition d'alcool à 90°. Après un contact de 24 heures, on essore le précipité, on le sèche à basse température. Rendement, 24 grammes. Ce sel est partiellement réduit et contient 59.4 0/0 de mercure. Il ne répond pas à la formule théorique.

2° Double décomposition d'une solution aqueuse de glycérophosphate de chaux (23 gr.) par une solution nitrique d'azotate mercureux (53 gr.). Il se forme un précipité floconneux abondant qui se dépose rapidement ; on décante, on essore, et on lave à l'alcool. On sèche à douce température (50° environ). Rendement : 35 grammes. Teneur en mercure, 70.6 0/0.

B. *Sel au maximum.*

1° Double décomposition d'une solution aqueuse d'acétate mercurique (32 gr.) par une solution de glycérophosphate de chaux (23 gr.) Il ne se forme pas de précipité.

2º Double décomposition d'une solution aqueuse de glycérophosphate de chaux (23 gr.) par une solution nitrique d'azotate mercurique (33 gr.). Il se forme un précipité abondant, très léger, et qui se dépose lentement. Sa teinte est jaune ; le rendement est de 10 gr. Ce sel paraît être un sel basique et contenir de l'oxyde mercurique.

Le glycérophosphate de chaux ne m'ayant pas permis d'obtenir les deux sels de mercure que je cherchais à préparer, j'ai eu recours à la double décomposition du glycérophosphate de soude, soit par l'azotate mercureux, soit par l'azotate mercurique.

Je donne ci-après les procédés que j'ai adoptés, et je crois devoir insister sur l'importance des proportions des corps que l'on fait réagir et sur la nécessité de suivre très exactement les manipulations que j'indique. La réussite de la préparation en dépend.

En effet, si nous prenons comme exemple le glycérophosphate mercurique, pour obtenir un sel correspondant à la formule théorique, il est nécessaire que non seulement le glycérophosphate de soude et l'azotate mercurique se trouvent dans des proportions relatives exactes, mais encore qu'ils soient en présence d'une acidité et d'une dilution spéciales. En voici les raisons :

1º Un excès de glycérophosphate de soude, d'où acidité insuffisante, donne naissance à du glycérophosphate basique ;

2º Un excès d'azotate mercurique amène lors des lavages à l'eau la formation d'azotate basique ;

3° Un excès d'acidité amène une perte dans le rendement ;

4° Une insuffisance d'acidité provoque la précipitation de sel basique.

Il faut donc une acidité marquée due principalement au peu de dilution et non à la quantité d'acide elle-même.


### 1° *Glycérophosphate mercureux.*

La préparation de ce corps se fait par double décomposition de l'azotate mercureux par le glycérophosphate de soude.

On prend :

$$
A \begin{cases} \text{Azotate mercureux.} & . \quad . \quad . \quad 56 \text{ grammes.} \\ \text{Eau distillée tiède} & . \quad . \quad . \quad 60 \text{ cc.} \\ \text{Acide azotique pur.} & . \quad . \quad . \quad 5 \text{ cc.} \end{cases}
$$

On dissout.

D'un autre côté, on prend :

$$
B \begin{cases} \text{Solution de glycérophos-} \\ \quad \text{phate de soude pur à 50 \% 100 grammes.} \end{cases}
$$

On verse peu à peu, en agitant, la solution A dans la solution B.

Le précipité formé est gris verdâtre au début de l'opération, en raison de la formation d'oxyde mercureux dû à l'alcalinité primitive du milieu, mais il blanchit au fur et à mesure de l'addition de la solution fortement acide d'azotate mercureux. Après complète précipitation, on recueille le produit, on l'essore avec soin par le vide, puis on le met en suspension dans 150 centimètres cubes d'eau distillée. On laisse en contact pendant trois heures environ en agitant fréquemment ; au bout de ce temps, on essore de nouveau le précipité, et enfin on le sèche à la température de 50° centigrades environ.

Le poids du produit ainsi obtenu est de 51 gr. 50 après dessiccation.

Le glycérophospháte mercureux se présente sous forme d'une poudre blanche, presque insoluble dans l'eau (1 partie pour 835 parties d'eau), insoluble dans l'acide chlorhydrique et dans les chlorures alcalins. Chauffé à 85°, il jaunit légèrement, puis devient gris, et sa décomposition est totale avec boursouflement de la masse vers 120°. La solution nitrique donne toutes les réactions des sels de mercure au minimum, mais ne donne le précipité caractéristique des phosphates par la liqueur molybdique qu'après calcination et reprise par l'acide azotique.

La recherche du mercure au maximum se fait en précipitant la solution nitrique du glycérophosphate mercureux par les chlorures alcalins, et après, séparation du précipité formé, par addition d'une solution très étendue d'iodure de potassium. S'il y a présence de sel au maximum, il se forme un précipité de bi-iodure de mercure, et cette réaction est sensible. Le glycérophosphate mercureux obtenu par le procédé ci-dessus décrit contient :

| | |
|---|---|
| Mercure. . . . . | 70.07 % |
| Phosphore. . . . | 5.40 % |

Formule théorique : $O = P{-}O$
$$\begin{array}{l} /O - CH^2 - CHOH - CH^2OH \\ O = P{-}O\big\backslash\ Hg^2 \\ \backslash O/ \end{array}$$

qui donne :

$$Hg = 70.17\ \%$$
$$Ph = \ 5.43\ \%$$

### 2° *Glycérophosphate mercurique.*

On prend :

A
$\begin{cases} \text{Azotate mercurique (}\textit{exempt} \\ \quad \textit{de sel au minimum}\text{).} \quad . \quad . \quad \text{33 grammes.} \\ \text{Eau distillée.} \quad . \quad . \quad . \quad . \quad \text{20 cc.} \\ \text{Acide azotique pur.} \quad . \quad . \quad . \quad \text{10 cc.} \end{cases}$

On dissout.

D'un autre côté, on prend :

B
$\begin{cases} \text{Solution de glycérophos-} \\ \quad \text{phate de soude pur à 50 } \% \ 160 \text{ grammes.} \end{cases}$

On verse peu à peu la solution A dans la solution B, en ayant soin d'agiter.

Le précipité formé est couleur jaune citron ; mais sa décoloration se fait assez lentement (il faut quelques heures).

Dès que le précipité est devenu blanc, on l'essore *rapidement et complètement* par le vide. On le met ensuite en suspension dans 20 centimètres cubes d'eau acidulée au 20ᵉ par l'acide azotique pur. On laisse en contact pendant deux heures à l'abri de la lumière et en ayant soin d'agiter fréquemment. Au bout de ce temps, on essore la masse de nouveau, on la traite avec

10 centimètres cubes d'eau acidulée au 1/10$^e$ par l'acide nitrique, on passe de l'eau distillée très rapidement, enfin on essore une dernière fois et on sèche à la température de 40° centigrades. Après dessiccation complète, le produit obtenu pèse 28 grammes.

Le glycérophosphate mercurique est une poudre blanche, nettement microcristalline, peu soluble dans l'eau (1 partie dans 435 parties d'eau), insoluble dans l'alcool et dans l'éther, soluble dans l'acide nitrique et dans l'acide chlorhydrique, ne donnant pas directement la réaction des phosphates, mais par contre celle des sels de mercure au maximum. Calciné et repris par l'acide azotique, il donne abondamment le précipité jaune caractéristique par le molybdate d'ammoniaque.

Pour s'assurer que ce sel ne contient pas de glycérophosphate mercureux, il suffit de le dissoudre en milieu azotique et d'ajouter quelques gouttes d'une solution de chlorure alcalin. La présence de sel au minimum est décelée par la formation instantanée d'un précipité blanc de calomel.

Le glycérophosphate mercurique obtenu comme ci-dessus contient :

$$\text{Mercure} \ldots \ldots 54.29\,\%$$
$$\text{Phosphore} \ldots \ldots 8.21\,\%$$

Formule théorique : $O = P \begin{cases} O - CH^2 - CHOH - CH^2OH \\ O \\ O \end{cases} Hg$

qui donne :

$$\text{Hg} \ldots \ldots 54.05\,\%$$
$$\text{Ph} \ldots \ldots 8.38\,\%$$

Ce sel se réduit facilement, aussi est-il utile de le conserver à l'abri de la lumière et dans le vide.

Le dosage du phosphore dans chacun de ces sels a été fait à l'état de pyrophosphate de magnésie, après calcination en présence d'un mélange de carbonate de potasse et d'azotate de potasse pour détruire la matière organique. Reprise de la masse par l'acide chlorhydrique étendu, évaporation à sec au bain-marie et nouvelle reprise par l'acide chlorhydrique étendu pour séparer la silice. La solution chlorhydrique est ensuite précipitée par la liqueur magnésienne.

Pour le dosage du mercure, j'ai employé le procédé suivant, qui est dû à MM. E. Ruff et P. Noll (1).

On prend 0 gr. 50 de glycérophosphate de mercure que l'on chauffe avec 10 grammes de sulfate de potasse et 40 centimètres cubes d'acide sulfurique concentré dans un matras de 200 centimètres cubes. Le matras est incliné et surmonté d'un réfrigérant à reflux constitué par un simple tube de verre de 50 à 60 c/m de longueur. On chauffe avec précaution, et lorsque le mélange, qui au commencement de l'opération est très coloré, est devenu limpide et presque incolore, on ajoute dans le matras 0 gr. 20 de permanganate de potasse, puis on continue à chauffer jusqu'à ce que le mélange devienne de nouveau incolore. A ce moment, on laisse refroidir et on dilue à 100 centimètres cubes avec de l'eau distillée. La liqueur est titrée avec une solution de sulfo-cyanure de potassium à 1/10, en employant comme indicateur

(1) E. Ruff et P. Noll, *Détermination volumétrique du mercure dans le salicylate mercurique, Répertoire de pharmacie*, mai 1906.

quelques centimètres cubes d'une solution d'alun ferrique. La limite de la réaction est indiquée par l'apparition de la coloration rouge sang bien connue.

1 centimètre cube de solution de sulfo-cyanure correspond à 0.010015 de mercure.

Des sels de mercure que j'ai isolés, il me semble que le glycérophosphate mercureux, grâce à sa forte teneur en mercure, pourrait être appliqué comme médicament spécifique.

Les premiers essais qui ont été faits dans un service hospitalier de Paris montrent que ce sel passe facilement dans le torrent circulatoire.

# CONCLUSIONS

Le phénomène de l'éthérification de l'acide phosphorique et de la glycérine, tout en obéissant aux lois générales de l'éthérification, présente une certaine complexité due aux diverses fonctions de la glycérine et de l'acide phosphorique, mais permet cependant de déduire des indications intéressantes que je résume ci-après :

1° L'état primitif d'hydratation des corps mis en présence ne manifeste son influence que par un retard peu sensible dans la vitesse d'éthérification (excepté à la température de 110°) ; il n'exerce au contraire aucune influence notable sur la limite d'éthérification.

Pour obtenir un résultat satisfaisant, il n'est donc pas nécessaire d'employer de l'acide phosphorique et de la glycérine très concentrés. Il suffit d'utiliser un mélange équipondéral d'acide phosphorique à 60 0/0 et de glycérine à 28° B. et d'effectuer l'éthérification à la température de 130°.

Si l'on a recours à un mélange équipondéral d'acide

phosphorique à 85 0/0 et de glycérine à 30° B., la température dé 110° est suffisante ;

2° Il n'est pas indispensable, pour effectuer une éthérification, de recourir *industriellement* à la pression réduite ; il est aussi avantageux d'opérer à l'air libre, à la condition d'avoir de larges surfaces évaporatoires pour faciliter la déshydratation de la masse ;

3° Un fait intéressant à signaler, c'est la rétrogradation de l'éthérification lorsque la limite a été atteinte, rétrogradation suivie d'une reprise momentanée de l'éthérification ;

4° Dans les éthérifications rapides, le diéther a une tendance à prédominer ;

5° Pour obtenir, dans le laboratoire, une éthérification riche en diéther, il suffit de recourir, pour un mélange équipondéral d'acide phosphorique à 60 0/0 et de glycérine à 28° B., à la température de 130°, sous pression réduite, pendant 12 heures environ.

Dans l'industrie, en utilisant de larges surfaces d'évaporation, à la température indiquée, la durée de l'éthérification doit être d'environ 36 heures ;

6° Le monoéther paraît prendre le dessus quand les conditions ne sont pas favorables pour une éthérification rapide et que la déshydratation se fait lentement ;

7° Quant au triéther, il prend surtout naissance dans les éthérifications à température élevée ; sa vitesse de formation, sur laquelle la pression réduite ne paraît pas avoir d'influence marquée, est proportionnelle à l'élévation de la température.

En général, la proportion de diéther diminue au fur et à mesure de l'augmentation de la quantité de triéther formé ;

8° Les essais de séparation des sels des deux éthers que j'ai tentés en me basant sur leur différence de solubilité dans divers solvants ont été infructueux. J'ai cru cependant utile de relater les expériences que j'ai faites dans ce sens ;

9° Pour la fabrication industrielle du glycérophosphate de chaux, je propose l'emploi d'un mélange équipondéral d'acide phosphorique à 60 0/0 et de glycérine à 28°, chauffé pendant 36 heures à la température de 130°, dans des appareils à large surface. Saturation presque à sec. et à froid par le carbonate de chaux en poudre. Puis, après addition de l'eau nécessaire, par un lait de chaux jusqu'à légère alcalinité au tournesol, précipitation par l'alcool à 90°, lavage du précipité avec ce liquide, et séchage du produit obtenu à la température maximum de 50° ;

10° Ce procédé permet d'obtenir un sel formé en majeure partie par du sel de diéther, dont la solubilité et partant l'assimilabilité est supérieure à celle du glycérophosphate de chaux du commerce ;

11° Les pertes signalées dans les rendements me paraissent provenir des causes suivantes :

Saturation exagérée qui donne un sel basique insoluble ; insuffisance de lavage du précipité de phosphate de chaux formé, précipité qui retient une quantité importante de sel constitué pour la plus grande partie par du sel de monoéther qui est peu soluble ;

12° Les glycérophosphates de chaux du commerce sont un mélange de sels de monoéther et de diéther dans des proportions variables, mais dans lequel domine le sel de monoéther ;

13° Pour la préparation des glycérophosphates mercureux et mercurique, je propose les procédés suivants :

### 1° *Glycérophosphate mercureux.*

Double décomposition d'une solution d'azotate mercureux en milieu nitrique par une solution de glycérophosphate de soude pur à 50 0/0.

Le corps obtenu contient :

Mercure.   .   .   .   .   70.07 %
Phosphore.   .   .   .   5.40 %

et correspond à la formule :

$$O = P \begin{cases} \diagdown O - CH^2 - CHOH - CH^2OH \\ -O \\ \diagup O \end{cases} Hg^2$$

### 2° *Glycérophosphate mercurique.*

Double décomposition d'une solution nitrique d'azotate mercurique (*exempt de sel au minimum*) par une solution de glycérophosphate de soude pur à 50 0/0.

Le corps obtenu contient :

Mercure.   .   .   .   .   54.29 %
Phosphore.   .   .   .   8.21 %

et correspond à la formule :

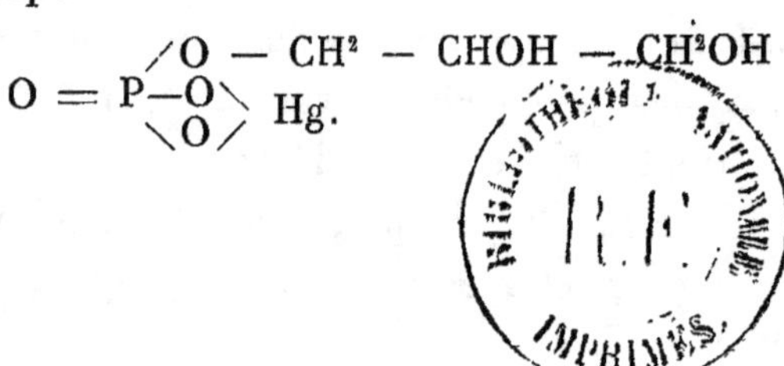

# BIBLIOGRAPHIE


**Berthelot et Péan de Saint-Gilles.** — *Journal de pharmacie et de chimie*, 3º série, tome XLI, pages 100 et suivantes : Académie des sciences.

**Villiers.** — *Comptes rendus de l'Académie des sciences*, 1880, tome XC, pages 1488-1560 ; tome XCI, pages 62-124.

**Pierre Carré.** — *Sur l'éthérification de quelques alcools polyatomiques par les acides phosphorique et phosphoreux*, Thèse présentée à la Faculté des sciences, janvier 1905.

**Adrian et Trillat.** — *Journal de pharmacie et de chimie*, tome VII, 6e série, pages 226 et suivantes.

**Lambotte.** — *Répertoire de pharmacie*, 1896, pages 198 et suivantes.

**Professeur Léon Prunier.** — *Les Médicaments chimiques*, tome I, page 518, Masson, éditeur, 1896.

**Ad. Wurtz.** — *Dictionnaire de chimie pure et appliquée*, 2º supplément, tome IV, pages 817 et suivantes.

**Frédéric Belding-Power et Franck Tutin.** — *The Relation between natural and synthetical Glycerylphosphoric Acids, Journal of the Chemical Society*, march 1905.

**E. Ruff et P. Noll.** — *Détermination volumétrique du mercure dans le salicylate mercurique, Répertoire de pharmacie*, mai 1896.

Paris. — Société française d'Imprimerie et de Librairie.